페드인사이트

페드 인사이트

초판 1쇄 인쇄 2024년 3월 13일
초판 1쇄 발행 2024년 3월 20일

지은이 성상현

발행인 장상진
발행처 (주)경향비피
등록번호 제2012-000228호
등록일자 2012년 7월 2일

주소 서울시 영등포구 양평동 2가 37-1번지 동아프라임밸리 507-508호
전화 1644-5613 | **팩스** 02) 304-5613

ⓒ성상현

ISBN 978-89-6952-578-9 03320

페드 인사이트

주식 투자 성공의 핵심, 금리와 유동성

FED INSIGHT

성상현 지음

경향BP

투자 전략을 위한 매크로 경제 분석

투자의 세계는 얽히고설킨 매트릭스와 예측 어려운 변수들로 가득합니다. 많은 투자자가 매크로 경제지표를 활용하여 미래의 경제 움직임을 예측하려고 노력하지만, 이를 어떻게 해석하고 투자 결정에 활용해야 하는지 이해하는 것은 쉽지 않습니다.

저는 채권 프랍 트레이더를 시작으로 자산운용 분야에서 13년간 일해 오면서, 특히 미국 연방준비제도Federal Reserve(이하 '연준')의 연구를 통해 시장의 다양한 변화를 경험하며 통찰력을 얻었습니다. 이를 토대로 매크로 경제지표가 투자 전략에 어떤 영향을 미치는지에 대해 깊이 있게 이해하게 되었습니다.

금융시장은 전 세계적으로 급격하게 국제화되고 있으며, 국내와 국제 간의 경계가 허물어지고 있습니다. 따라서 연준의 금리 및 유동성 정책 변화를 활용하는 '매크로 투자 전략'의 중요성이 계속해서 커지고 있습니다. 변화하는 글로벌 경제 환경에서 이 전략에 대한 이해와 적용은 필수이지만, 이에 대한 충분하고 심층적인 정보와 분석이 부족합니다.

이러한 필요를 충족시키기 위해 이 책을 집필했습니다. 이 책은 연준의 세계와 글로벌 매크로 전략이라는 현대 금융시장의 핵심 주제를 깊이 있게 탐구하며, 이론과 실제 투자 아이디어의 결합을 통해 금융시장의 복잡성을 헤쳐 나갈 수 있는 중요한 지침을 제공합니다. 또한 글로벌 매크로 전략 활용 방안에 대한 명확한 가이드를 제공합니다.

이 책은 목적은 다음과 같습니다.

첫째, 금융시장의 복잡한 세계를 더 친근하게 소개함으로써 일반인들이 쉽게 이해할 수 있게 돕고자 합니다. 금융 전문가들, 일반적으로 '분석가'나 '운용역'으로 불리는 이들의 사고와 분석 방법을 통해 어려운 금융 세계를 더 구체적이고 현실적으로 이해할 수 있도록 안내합니다.

둘째, 금융 업계에 입문하려는 젊은 세대에게 길잡이 역할을 하고자 합니다. 금융 세계는 넓고 복잡하기 때문에 자신의 경로를 찾기 위해서 필요한 준비와 태도에 대한 실질적인 조언을 제공합니다. 이를 통해 금융 업계 진출을 준비하는 많은 분이 진정한 방향성을 찾을 수 있기를 희망합니다.

셋째, 저의 투자 전략과 생각을 공유하고자 합니다. 금융시장에서 다년간 쌓아 온 경험과 노하우, 거기서 얻은 교훈을 토대로 투자 세계에서 성공 전략을 구축하는 방법을 알려 줍니다.

매크로(거시경제) 분석은 성장(펀더멘털)과 인플레이션 분석을 목표로 합니다. 성장과 인플레이션은 가격지표인 금리, 환율, 증시에 반영됩니다. 매크로 지표는 경제와 금융시장의 건강을 평가하고 예측하는 데 중요한 도구입니다. 이러한 지표는 인플레이션, 실업률, 경기성장률, 금리 등과 같이 경제의 핵심적인 측면을 반영합니다. 이러한 지표를 통해 시장 동향과 투자 기회를 파악할 수 있습니다.

매크로 분석에는 과거 역사를 통한 귀납적 추론과 함께 미래를 예측하는 연역적 추론도 필요합니다. 매크로 투자는 경제 데이터와 트렌드를 분석하여 미래 시장의 방향성을 예측하고, 이를 기반으로 투자 포트폴리오를 조정하며 안정적인 수익을 창출하는 헤지펀드의 주요 투자 전략 중 하나입니다.

이 책은 오랫동안 자산운용 분야에서 일해 온 제 경험을 바탕으로 매크로 지표를 어떻게 해석하고 투자에 어떤 방식으로 활용할 수 있는지에 대한 구체적인 방법을 제시합니다. 제가 겪은 시행착오와 학습 과정을 통해 여러분께 가치 있는 조언을 전달하고자 합니다.

이 책에서 제시한 많은 자료와 그래프는 대부분 세인트루이스 연은의 FRED 데이터나 원자료raw data를 가공하여 제작했으며, 제가 출연한 경제 채널에서 사용한 발표 자료를 그대로 활용하기도 했습니다. 또한 책을 집필하는 과정에서 책의 흐름을 따라 국내·외 증권사,

헤지펀드 자료를 비롯하여 '국제금융센터'와 '원스경제'의 분석 내용과 인사이트도 반영했습니다. 이러한 다양한 관점을 공유함으로써 독자들의 지식과 시야를 확장시키고자 했습니다.

저는 헤지펀드계의 거장 레이 달리오, 스탠리 드러켄밀러, 조지 소로스, 그리고 모건 스탠리의 마이클 윌슨 등 세계적인 투자 전문가들의 투자 전략과 철학을 깊게 연구합니다. 이를 통해 투자에 대한 깊은 통찰력을 획득하고 시장 변화에 대처하기 위한 능동적인 방법을 개발하려 노력하고 있습니다. 이러한 거장들의 접근 방식과 관점을 연구하는 것도 투자에 대한 깊은 통찰력을 얻고 시장의 변화에 능동적으로 대응하는 데 도움이 될 것입니다.

복잡한 경제 상황을 헤쳐 나가는 데 연준의 역할과 그 영향력에 대해 이해한다면 독자들이 주식 투자를 할 때 큰 도움이 될 것입니다. 불확실한 경제 환경 속에서 연준의 발언과 결정에만 의존하는 것이 아니라 자신만의 독립적인 판단과 전략을 세울 수 있을 것입니다.

이 책을 통해 독자 여러분이 자신만의 투자 철학을 개발하고, 주식과 채권을 포함한 자산 투자를 보다 효과적으로 진행할 수 있기를 바랍니다.

마지막으로 이 책의 집필 과정에서 변함없는 응원을 보내준 아내와 아들 연재에게 깊은 감사의 마음을 전하고 싶습니다.

독자 여러분의 투자 여정에 도움이 되기를 진심으로 바랍니다.

성상현

차례

1장 연준 이해하기 : 성장, 고용 안정, 물가 조절의 삼중 목표

2장   연준의 경제 지휘 : 연준의 정책 결정이 금융시장에 미치는 영향

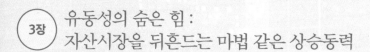

3장 유동성의 숨은 힘 :
자산시장을 뒤흔드는 마법 같은 상승동력

4장 페드 인사이트(FED Insight) :
전략적 투자의 길

생각의 지평을 넓히다 :
글로벌 매크로 투자의 세계로

부록

투자의 미래 :
연준의 눈으로 본 미국 자산시장 투자 가이드

미국 자산시장은 투자자와 경제 관련자들에게 가장 큰 관심을 받고 있는 주제입니다. 특히 연방준비제도의 통화정책 변화는 자산시장의 동향을 크게 좌우하는 주요 변수 중 하나로 간주됩니다. 미국의 경제와 금융시장은 예측하기 어려운 변동성을 자주 겪고 있으며, 이러한 환경에서 투자 전략을 세우는 것은 더욱 중요한 과제가 됩니다.

이 책에서는 미국 자산시장을 분석하고 예측하기 위한 핵심 요인들을 다룰 것입니다. 특히 연준의 긴축 사이클과 자산시장 흐름 간의 관계, 유동성과 밸류에이션의 상호작용, 그리고 경기침체와 골디락스 경로에 대한 이해가 미국 자산시장을 분석하는 데 필수적인 열쇠임을 강조할 것입니다.

미국 자산시장의 미래를 예측하고 투자 결정을 내릴 때, 이러한 핵심 매크로 지표들을 주시하며 분석해야 합니다. 이 책은 이러한 지표들을 자세히 살펴보고 미국 자산시장의 향방에 대한 통찰력을 제공할 것입니다.

1~3장에서는 '연방준비제도의 세계와 주식 투자에서 중요한 요소인 유동성'에 대한 깊이 있는 분석을 제공할 것입니다. 4장과 부록에서는 이러한 분석을 바탕으로 '미국 자산시장의 전망과 투자 전략을 탐구'하는 데 중점을 둘 것입니다. 이론과 실제 투자 아이디어의 구축 논리를 통해 금융시장의 복잡성을 이해하고 미래의 변화에 대응할 수 있는 중요한 지침을 제공하고자 합니다. 이러한 접근 방식은 투자자들이 변화하는 시장 환경에서 능동적으로 대처할 수 있는 중요한 지침이 될 것으로 기대됩니다.

특히 부록에서는 채권 및 주식 투자에 대한 개인적인 생각과 전망을 제공하며, 독자들과의 경험을 공유하고자 합니다. 이 책을 통해 독자들은 미래의 투자 결정을 내릴 때 현명한 판단을 할 수 있는 통찰력을 얻을 수 있을 것입니다.

글로벌 매크로 펀드 매니저들은 주로 2~3가지의 핵심 아이디어로 투자 수익을 창출합니다. 이들은 단호한 신념을 가지고 투자에 집중하며, 자금의 대부분을 이러한 아이디어에 투자합니다.

레이 달리오, 스탠리 드러켄밀러, 조지 소로스 같은 위대한 투자자를 보면 아주 집중된 베팅을 하는 경향이 있습니다. 무언가를 찾아내면 거기에 집중하며 위험을 감수합니다. 이런 식으로 글로벌 매크로 전략의 투자 철학이 진화해 왔습니다.

글로벌 매크로 투자는 정답이 없습니다. 따라서 현재 관점에서 시장을 어떻게 바라보고 투자하는지에 대한 저의 주관적인 생각이 많이 반영되었다는 점은 인지하시기 바랍니다.

꼭 명심해 주시기 바랍니다. 향후 시장 전망과 투자 전략에 대해서는 매크로 환경이 바뀌면 시장에 대한 전망을 수정하고 투자 전략도 재정비가 필요합니다.

글로벌 자산시장의 미래를 탐험하는 모험에 동참할 준비가 되셨습니까? 함께 시작해 봅시다.

1장

연준 이해하기 : 성장, 고용 안정, 물가 조절의 삼중 목표

연방준비제도, 일반적으로 '연준'으로 알려진 미국의 중앙은행 시스템은 투자에서 매우 중요한 역할을 합니다. 연준은 미국 경제와 금융 시스템의 중심에 위치하며, 특히 기준금리를 결정하는 주된 역할을 수행합니다.

　　기준금리는 은행들이 서로 자금을 빌리거나 대출을 할 때 적용되는 이자율의 기준이 됩니다. 기준금리의 인상은 대출 비용을 높이고, 인하는 대출을 더 저렴하게 만듭니다. 이러한 변화는 소비자와 기업의 대출 조건에 직접적인 영향을 미치며, 이로써 경제 활동과 투자 수익률에 영향을 미칩니다.

　　연준은 미국 경제의 건전성을 유지하고 총수요를 관리하기 위해 다양한 정책을 실행합니다. 이러한 정책은 인플레이션(물가상승률) 조절, 고용 증진, 그리고 장기적인 금융 시스템의 안정성을 달성하기 위해 노력합니다. 이러한 정책 변화는 투자자들에게 중요한 정보로 작용하며, 시장의 흐름을 예측하고 위험을 최소화하기 위한 전략을 개발하는 데 도움이 됩니다.

　　연준의 발표와 정책 변화는 금융시장에 큰 영향을 미칩니다. 예를 들어, 금리 인상 발표는 종종 주식시장의 하락을 유발할 수 있습니다. 따라서 투자자들은 연준의 결정과 발표를 주시하고, 이러한 정보를 기반으로 시장 변동성을 예측하고 대비하는 전략을 수립합니다.

　　연준의 통화정책은 시장의 기대와 예측에 큰 영향을 미치며, 투자자들은 연준의 결정과 발표를 주의 깊게 분석함으로써 미래의 경제 및 시장 동향에 대한 통찰력을 얻을 수 있습니다.

뿐만 아니라 연준의 결정은 미국뿐만 아니라 전 세계 금융시장에도 영향을 미칩니다. 따라서 글로벌 투자자들은 연준의 정책이 다른 국가의 경제와 환율에 어떤 영향을 미칠 수 있는지 이해하는 것이 중요합니다.

이러한 이유로 투자자들은 연준의 결정, 정책, 그리고 전망에 주목하고 이를 통해 더 나은 투자 결정을 내리기 위한 전략을 개발하는 데 기여할 수 있습니다.

연준의 역할과 영향력 :
세계 경제를 움직이는 힘

연방준비제도 :
금융 시스템을 지탱하는 분산된 구조

연방준비제도는 미국의 중앙은행으로 1913년 연방준비법에 의해 설립되었습니다. 그 목적은 금융 시스템의 안정화, 물가 안정, 완전 고용의 유지, 장기적으로는 경제성장을 도모하는 것입니다.

연방준비제도라는 명칭은 영어 명칭인 'Federal Reserve System'을 직역한 것입니다. 일반적으로 중앙은행은 예를 들어 '한국은행'이나 '일본은행'처럼 간결한 이름으로 불립니다. 그러나 미국은 특이하게 '연방준비제도'라는 이름을 사용합니다. '제도'란 명칭이 붙은 이유는 연준이 하나의 단일화된 조직이 아니라 여러 조직이 제각각의 역할을 수행하면서 힘이 분산되도록 설계되었기 때문입니다.

연준은 이러한 분산된 기능을 통해 독립적으로 작동하면서도 서로 긴밀하게 연결되어 있습니다. 다음 3가지 주요 조직으로 구성된 연방준비제도는 그 복잡한 구조 때문에 '제도'라는 명칭이 사용되었습니다.

첫째, 연방준비제도 이사회Federal Reserve Board of Governors, FRB는 연방준비제도의 주요 운영을 총괄하는 조직입니다. 이 이사회는 미국 대통령이 7명의 이사를 지명하며, 이후 의회(상원)의 승인을 받아 임명됩니다. 이 이사들은 연방준비제도의 중요한 의사결정에 참여하며, 미국의 통화정책과 금융 시스템을 지도합니다.

둘째, 연방준비은행Regional Reserve Banks은 미국 전역에 분산되어 있는 12개의 지역 조직으로 구성됩니다. 각 지역 연방준비은행은 해당 지역에서 금융 시스템의 안정성을 유지하고 통화 공급을 조절하는 역할을 합니다.

각 지역 연방준비은행의 주주는 해당 지역의 상업은행들이며, 연방준비제도의 이윤 중 일부를 받습니다. 그러나 이들 주주들은 연준의 정책 결정에 직접적인 영향을 미치거나 지배할 수 없습니다. 다만 민간은행들이 연방준비제도에 투자하여 6%의 연간 배당금을 받을 수 있는 구조를 가지고 있기 때문에 연준의 독립성에 대한 논란이 있는 것은 사실입니다.

셋째, 연방공개시장위원회Federal Open Market Committee, FOMC는 기준금

리 등의 통화정책을 결정하는 중요한 기구입니다. 이 위원회는 연방준비제도 이사회와 연방준비은행의 대표들로 구성되며 통화정책, 금융 시스템 감독, 국채 및 정부정책 수행 등 다양한 역할을 수행합니다.

통화정책은 금리 조정, 예금 준비율 설정, 공개시장 조작 등의 도구를 사용하여 정책을 수립하고 실행합니다. 금융 시스템 감독은 상업은행 및 금융기관들의 건전성을 감독하며, 필요한 경우 규제를 부과합니다. 국채 및 정부 정책 수행은 미국 정부의 채무를 매입하거나 매도함으로써 정부의 재정정책을 지원합니다.

이러한 3가지 조직은 각각의 역할과 책임을 수행하며, 연방준비제도의 기능을 모두 포함하여 미국의 통화 및 금융 시스템을 관리합니다. 이렇게 다양한 역할을 수행하는 조직들이 분산된 구조로 동작하므로 '연방준비제도'라는 명칭이 사용되고 있습니다.

FOMC와 미국 통화정책 : 금융시장의 복잡한 퍼즐 조각

FOMC, 즉 연방공개시장위원회Federal Open Market Committee는 미국 중앙은행인 연방준비제도의 핵심적인 위원회로서 미국의 통화정책을 결정하는 중추적인 역할을 합니다.

FOMC는 12명의 위원으로 구성되며, 연준 이사회와 지역 연은 총재들이 참석합니다. 그중에서 연준 이사회의 7명은 당연히 포함되며, 뉴욕 연은(당연직) 총재를 제외한 나머지 4명은 11개 지역의 연은 총재가 1년 단위로 차례대로 FOMC 위원으로 활동합니다. 또한 뉴욕 연은 총재는 항상 FOMC 위원으로 활동하며, 통상적으로 연준 이사회 의장이 FOMC 위원장이 되고, 뉴욕 연은 총재가 FOMC 부위원장이 됩니다. 중요한 점은 FOMC의 부위원장 직책은 연방준비제도 이사회FRB의 부의장이나 금융감독 부의장과는 별개의 역할을 수행한다는 것입니다. 이 구분은 연방준비제도의 구조와 역할을 이해하는 데 중요한 요소입니다.

FOMC 회의는 주로 워싱턴 D.C.에서 매년 8회 이상 개최되며, 필요에 따라 추가 회의도 열릴 수 있습니다. 이 회의에서는 중요한 통화정책 결정이 이루어집니다. 예를 들어, 기준금리를 비롯한 시중 금리를 조절하는 채권 매매 계획과 같은 중요한 정책 결정이 이루어집니다. 글로벌 금융위기와 코로나19 팬데믹 이후 양적완화나 테이퍼링(양적완화 규모 축소), 양적긴축과 같은 중요한 통화정책 결정 역시 FOMC에서 이루어졌습니다.

FOMC 회의에서는 FOMC 위원뿐만 아니라 지역 연은 총재들도 참석하고 토론에 참여합니다. 그러나 통화정책에 대한 투표권은 FOMC 위원들에게만 있습니다. 다른 지역 연은 총재들은 의견을 내고 토론에 참여하며 FOMC 위원들의 결정에 영향을 줄 수 있지만, 최종적인 투표 권한은 FOMC 위원들에게 있습니다.

FOMC 위원들이 자주 발언하는 이유는 중요한 통화정책 결정을 내리기 전에 시장과 투자자들에게 미리 정보와 안내를 제공하려는 의도가 있습니다. FOMC 위원들의 발언과 점도표는 향후 통화정책에 대한 사전 안내 역할을 하며, 이것은 '포워드 가이던스'라고 불립니다.

연준은 시장 참가자들과 경제 관계자들에게 향후 통화정책 방향을 미리 알려 주고자 합니다. 이러한 사전 안내를 통해 시장의 충격을 완화하고, 투자자들에게 투자 전략을 조정하는 데 도움을 줍니다. 따라서 FOMC 위원들은 중요한 통화정책 결정에 대한 시장의 예상과 이해를 형성하는 데 큰 역할을 합니다.

참고로 연준은 FOMC 회의 2주 전 토요일부터 FOMC 회의 직후까지 '침묵 기간'을 정하고 있어 FOMC 위원들의 발언이 중구난방으로 나오는 것을 방지하고 시장의 혼란을 최소화하려는 노력을 기울입니다.

그럼 본격적으로 연준의 통화정책 목표와 관련된 여러 도구, 그들 사이의 상호작용에 대해 알아보면서 금융시장의 근본적인 구조와 원리를 이해해 보고자 합니다. 연준의 통화정책 도구와 그들 사이의 상호작용을 알아보면 금융시장의 복잡한 퍼즐 조각들이 어떻게 맞춰지는지 이해할 수 있게 됩니다.

FOMC 점도표 :
이자율 및 경제 예측의 시각적 해석

FOMC는 미국의 통화정책 및 경제 상황을 관리하고 결정하는 주요 기관 중 하나이며, 그 결정과 의사록은 금융시장 및 경제 주체들에게 중요한 정보와 통찰력을 제공합니다. 따라서 FOMC의 활동과 결정은 금융시장 및 경제에 큰 영향을 미치며, 이를 주시하는 것은 중요한 경제 예측과 의사결정의 일부입니다.

FOMC 점도표는 FOMCFederal Open Market Committee 회의에서 참석자들의 경제 전망을 시각적으로 나타내는 도표입니다. 이 도표는 일반적으로 FOMC 회의에서 매 분기마다 발표되므로 분기마다 연준이 바라보는 경제 상황의 변화를 확인할 수 있습니다.

점도표는 12명의 투표권을 가진 위원들과 투표권이 없는 나머지 연방은행 총재들을 포함한 총 19명 위원의 개별적인 경제 전망과 금리 경로를 반영합니다. 이 점도표는 위원들의 경제 및 금리에 대한 다양한 견해를 시각적으로 표현하여, 시장과 투자자들이 연준의 경제 전망과 통화정책 방향을 예측하고 이해하는 데 중요한 도구로 활용됩니다.

연준이 통화정책을 결정하는 데 가장 중점적으로 보는 요소는 고용, 물가, 성장입니다. 다만 연준이 달성하려는 목표를 위해 암묵적으로 고려하는 요소들도 있습니다. 이는 적절한 경제성장을 통해 경기침체를 예방하고, 자산시장에 대한 모니터링과 금융 리스크를 관리하는 것입니다.

따라서 투자자들은 이러한 지표들을 포괄적으로 분석하는 것이 중요합니다. 이는 경제의 다양한 측면을 이해하고, 정책 결정에서 미묘하고 복잡한 경기 순환을 제대로 파악하는 데 필수적입니다.

점도표에서 제공하는 정보를 통해 우리는 중요한 정보와 통찰력을 얻을 수 있습니다. 다만 주의해야 할 점은 FOMC 점도표는 이사들의 개별적인 전망을 반영하며, 이들의 의견이 다를 수 있습니다. 또한 실제 경제 상황이나 금융시장 조건의 변화에 따라 FOMC의 정책 방향이 조정될 수 있습니다.

FOMC 점도표(2023년 9월)

Percent

Variable	Median[1]					Central Tendency[2]					Range[3]				
	2023	2024	2025	2026	Longer run	2023	2024	2025	2026	Longer run	2023	2024	2025	2026	Longer run
Change in real GDP	2.1	1.5	1.8	1.8	1.8	1.9-2.2	1.2-1.8	1.6-2.0	1.7-2.0	1.7-2.0	1.8-2.6	0.4-2.5	1.4-2.5	1.6-2.5	1.6-2.5
June projection	1.0	1.1	1.8		1.8	0.7-1.2	0.9-1.5	1.6-2.0		1.7-2.0	0.5-2.0	0.5-2.2	1.5-2.2		1.6-2.5
Unemployment rate	3.8	4.1	4.1	4.0	4.0	3.7-3.9	3.9-4.4	3.9-4.3	3.8-4.3	3.8-4.3	3.7-4.0	3.7-4.5	3.7-4.7	3.7-4.5	3.5-4.3
June projection	4.1	4.5	4.5		4.0	4.0-4.3	4.3-4.6	4.3-4.6		3.8-4.3	3.9-4.5	4.0-5.0	3.8-4.9		3.5-4.4
PCE inflation	3.3	2.5	2.2	2.0	2.0	3.2-3.4	2.3-2.7	2.0-2.3	2.0-2.2	2.0	3.1-3.8	2.1-3.5	2.0-2.9	2.0-2.7	2.0
June projection	3.2	2.5	2.1		2.0	3.0-3.5	2.3-2.8	2.0-2.4		2.0	2.9-4.1	2.1-3.5	2.0-3.0		2.0
Core PCE inflation[4]	3.7	2.6	2.3	2.0		3.6-3.9	2.5-2.8	2.0-2.4	2.0-2.3		3.5-4.2	2.3-3.6	2.0-3.0	2.0-2.9	
June projection	3.9	2.6	2.2			3.7-4.2	2.5-3.1	2.0-2.4			3.6-4.5	2.2-3.6	2.0-3.0		
Memo: Projected appropriate policy path															
Federal funds rate	5.6	5.1	3.9	2.9	2.5	5.4-5.6	4.6-5.4	3.4-4.9	2.5-4.1	2.5-3.3	5.4-5.6	4.4-6.1	2.6-5.6	2.4-4.9	2.4-3.8
June projection	5.6	4.6	3.4		2.5	5.4-5.6	4.4-5.1	2.9-4.1		2.5-2.8	5.1-6.1	3.6-5.9	2.4-5.6		2.4-3.6

Median : 연방준비제도 모든 위원의 예상치 중간값
Central Tendency : 연방준비제도 모든 위원의 예상치 중 상위 3개와 하위 3개를 제외한 범위
Range : 연방준비제도 모든 위원의 예상치가 포함된 전체 범위

※ 출처 : FOMC

성장 : 미국 경제에 대한 전망

연준 위원들은 미국 경제의 향후 성장률에 대한 예측을 표시합니다. 이는 GDP 성장률 또는 기타 경제지표를 통해 표현될 수 있습니다.

FOMC는 경제의 상황과 전망을 평가하고 그에 따라 향후 경제정책을 조정합니다. 이러한 평가와 예측은 FOMC의 경제 전망 보고서나 회의록을 통해 공개됩니다. 이 정보를 통해 시장 참가자와 투자자는 미국 경제의 건강 상태 및 향후 경제 흐름에 대한 통찰력을 얻을 수 있습니다.

FOMC 점도표는 각 위원들의 예측을 기반으로 해당 연도의 평균 경제성장률을 계산하고 표시합니다. 이것은 FOMC 위원들이 향후 목표로 하는 경제성장 수준을 나타냅니다.

FOMC 점도표를 통해 위원들이 경제성장률이 어떻게 변화할 것으로 예상하고 있는지에 대한 추세 분석도 가능합니다. 이를 통해 향후 몇 년 동안의 경제 상황 및 성장률에 대한 관련 정보를 얻을 수 있습니다.

고용 : 실업률에 대한 예측

연준 위원들은 향후 실업률에 대한 예측을 제공합니다. 이는 고용시장의 건강 상태를 반영합니다. FOMC 점도표는 각 위원들의 예측을 기반으로 해당 연도의 평균 실업률을 계산하고 표시합니다. 이것은 FOMC 위원들이 향후 목표로 하는 실업률 수준을 나타냅니다.

FOMC 점도표를 통해 위원들은 실업률이 어떻게 변화할 것으로 예상하고 있는지에 대한 추세 분석도 가능합니다. 이를 통해 향후 몇 년 동안의 경제 상황 및 실업률에 대한 관련 정보를 얻을 수 있습니다.

물가 : 인플레이션 경로에 대한 예상

위원들의 인플레이션에 대한 전망을 나타냅니다. 이는 물가상승률이 어떻게 움직일 것인지에 대한 정보를 제공합니다.

FOMC는 물가상승률과 관련된 정보를 고려하여 금융정책을 결정합니다. 이는 물가 압력이나 인플레이션 예상에 대한 통찰력을 제공합니다. FOMC의 목표 중 하나는 물가안정을 유지하는 것이므로, 물가에 대한 어떠한 우려나 조치도 FOMC에서 다룰 수 있습니다.

FOMC 점도표는 각 위원들의 예측을 기반으로 해당 연도의 평균 인플레이션을 계산하고 표시합니다. 이것은 FOMC 위원들이 향후 목표로 하는 인플레이션 수준을 나타냅니다.

이 예측을 통해 FOMC는 해당 연도의 인플레이션 경로를 결정하고 표시합니다. 이를 통해 FOMC가 인플레이션 관리와 미래 통화정책 조치에 대한 계획을 나타낼 수 있습니다.

기준금리 : 통화정책의 향방

FOMC의 의사록 및 발언을 통해 향후 통화정책의 방향과 변화에 대한 힌트를 얻을 수 있습니다. FOMC 점도표에는 각 위원들이 향후 연도에 대한 이자율 예측도 포함됩니다. 이 예측은 연방 기금 금리Federal Funds Rate나 기타 중요한 금리 지표에 대한 전망을 반영합니다. 이 예측을 기반으로 FOMC는 해당 연도의 평균 이자율 경로를 계산하고 표시합니다. 이것은 FOMC가 향후 통화정책 방향과 금리 조절에 대한 계획을 나타냅니다.

또한 FOMC 점도표를 통해 시장 참가자들은 위원들이 향후 통화 정책 방향을 어떻게 보고 있는지를 파악할 수 있습니다. 이 예측은 통화정책을 완화하거나 긴축하고자 하는 FOMC의 의도를 나타낼 수 있습니다. 이는 금융시장 참가자, 기업, 투자자, 정책 결정자 등에 게 중요한 정보로 작용합니다.

이처럼 FOMC는 주요 금리, 특히 연방 기금 금리의 방향과 변화 를 결정합니다. 기준금리는 중앙은행의 정책에 따라 변경되며, 이를 통해 경제의 금융 조건과 대출 이자율에 영향을 미칩니다. FOMC의 금리 결정은 시장에 대한 중요한 신호로 간주되며, 이를 통해 경제 주체들은 향후 금리 변화 및 투자 방향을 설정할 수 있습니다.

적정한 장기이자율 : 장기지속금리 longer run

중립금리란 경제가 안정적으로 성장하고 인플레이션 및 디플레이 션 압력이 없는 상태를 유지할 수 있는 적정한 금리를 나타냅니다. 이는 경제가 과열하지도 또는 침체하지도 않는 금리 수준을 의미하 며, 연방준비제도와 같은 중앙은행에서 경제의 안정을 위해 고려하 는 중요한 지표 중 하나입니다.

연준은 중립금리를 정확히 파악하기 위해 점도표를 활용합니다. 이 점도표는 연준 위원들이 기준금리의 장기 전망치를 나타내는 도구로 사용됩니다. 다양한 연준 위원들이 중립금리 추정치를 제시하며, 이들 간에 의견 차이가 있을 수 있습니다.

연준 위원들은 중립금리를 결정할 때 경제 상황과 위험 요인, 금융 시장 동향 등을 고려합니다. 이는 특히 금리 인상 및 인하의 타이밍과 규모를 결정할 때 중요한 고려 요소가 됩니다.

금융 안정 : 자산시장 모니터링 및 금융 리스크 관리

금융 안정은 연방준비제도의 핵심 임무 중 하나로서, 미국의 중앙은행인 연준은 이를 유지하고 강화하기 위해 다양한 노력을 기울이고 있습니다. 금융 안정은 금융 시스템의 안정성과 신뢰성을 보호하며, 경제의 원활한 운영을 지원하는 중요한 요소입니다. 금융 안정은 경제 및 자산시장의 안정성과 성장을 지원하는 역할을 합니다.

연준은 금융시장에 대한 정보와 데이터를 공개하고 시장 참여자들과의 소통을 강화합니다. 이를 통해 시장의 투명성을 높이고 리스크 관리에 도움을 줍니다. 이러한 노력과 활동을 통해 연준은 금융 안정을 유지하고 경제의 원활한 운영을 지원하며, 미국과 세계 경제에 긍정적인 영향을 미칩니다.

미국 경제의 심층 분석 :
연준이 만드는
성장과 침체의 순환

경기 사이클과 성장률 :
경제 건강 상태를 평가하고 정책 결정에 미치는 영향

잠재 GDP는 한 국가의 경제에서 모든 생산요소(노동, 자본, 기술 등)가 최대한 활용될 때 얻을 수 있는 최대 수준의 국내총생산GDP을 나타내며, 이는 경제가 자원을 완전히 활용하고 고용률이 최고 수준에 도달했을 때 얻을 수 있는 GDP로 정의됩니다. 잠재 GDP는 고용률과 생산성의 최적 조화 상태를 표현하며, 인플레이션을 가속화시키지 않으면서 달성 가능한 최대 GDP로도 정의될 수 있습니다.

연준 위원들이 추정하는 잠재 GDP 성장률은 보통 1.8~2.0% 수준으로 예측됩니다. 이러한 성장률은 경제가 자원을 최대한 활용하고 생산성을 향상시키는 상태에서 인플레이션을 관리하면서도 지속적인 경제성장을 유지할 수 있는 수준을 나타냅니다.

경제가 잠재 GDP 수준에 가까워진다는 것은 경기가 건강하게 성장하고 있으며 고용률이 높아질 가능성이 있음을 시사합니다. 반면, 잠재 GDP보다 낮은 GDP 수준은 경제가 자원을 효율적으로 활용하지 못하고 있거나 고용률이 낮은 상태를 나타내며 정책 결정에 영향을 미칠 수 있습니다.

GDP 갭은 현재의 실제 경제 활동과 경제가 얼마나 잘 수행될 수 있는지를 비교한 지표로 실제 GDP와 잠재 GDP 간의 차이를 나타냅니다. 이것은 경제의 현재 건강 상태를 판단하고 경기침체 또는 과열과 같은 문제를 식별하는 데 사용됩니다. 일반적으로 GDP 갭이 양수일 때 경제는 확장 국면에 있으며, 이는 과도한 수요와 높은 인플레이션 가능성을 시사합니다. GDP 갭이 음수일 때 경기는 침체국면에 있으며, 이는 생산량이 활용되지 못하고 인플레이션 하락 가능성을 시사합니다. 정책 결정자들은 이러한 정보를 기반으로 경제정책을 수립하고 경제의 안정성과 성장을 유지하려고 노력합니다.

GDP 갭은 경제의 건강 상태를 평가하고 정책 결정에 영향을 미치는 중요한 지표로, 경제 주체들과 정책 결정자들에게 경제 상황을 파악하고 조치를 취할 수 있는 중요한 정보를 제공합니다. 일반적으로 GDP 갭이 양수일 때 주식시장에 호재로 작용합니다.

미국 GDP 구성 요소와
경제지표의 중요성

미국의 경제지표는 다양한 부문으로 분류할 수 있으며, 각 지표는 GDP의 특정 부분에 집중된 경제 활동을 나타냅니다. 이러한 지표들은 미국 경제의 건강 상태와 전반적인 경기를 이해하고 예측하는 데 중요한 역할을 합니다.

경제지표들을 통해 미국 경제의 건강 상태와 경기 전망을 종합적으로 평가할 수 있습니다. 각 지표는 GDP의 특정 부분에 집중하여 경제의 건강한 발전과 불규칙한 경기를 이해하는 데 큰 도움을 줍니다. 특히 소비, 투자, 정부지출 및 순수출(국제 무역지표)은 미국 경제의 주요 구성 요소 중 하나로 간주되며, 이러한 지표들은 경제의 안

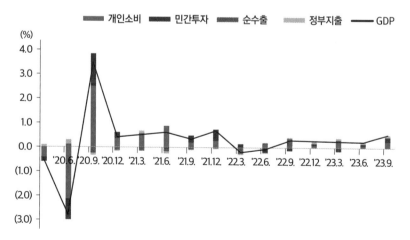

미국 GDP(분기별) 요인별 기여도 추이

정성과 성장을 지원하는 데 핵심적인 역할을 합니다. 각 경제지표와 그 중요성에 대해 알아보겠습니다.

소비 : 미국 경제의 핵심 역동성

미국 경제에서 소비는 가장 큰 비중을 차지하는 구성 요소로 국내총생산GDP의 약 70%를 구성합니다. 이는 소비자들이 재화와 서비스를 구매하고 사용하는 활동을 포함하며, 경제의 건강한 발전에 중요한 역할을 합니다.

소비 트렌드와 경제 상태를 파악하기 위한 주요 지표로 자동차 판매, 고용 상황, 소매 판매, 그리고 도매 판매가 사용됩니다. 자동차 판매는 소비자들의 구매 활동과 경제적 신뢰를 반영하며, 고용 상황은 노동시장의 건강과 소비자 소득의 미래를 예측합니다. 소매 판매는 소비자들의 소비 행태와 경제성장을 나타내고, 도매 판매는 생산과 유통 부문의 경제 상황을 반영합니다. 이러한 지표들을 통해 미국 경제의 소비 트렌드와 전반적인 건강 상태를 이해할 수 있습니다.

소비가 미국 경제에서 중요한 이유는 미국 소비자들이 소비를 줄이면 기업들은 매출이 감소하고, 따라서 이익도 줄어들 수 있습니다. 이는 기업의 생산과 투자를 감소시키고, 고용 상황을 악화시킬 수 있습니다. 고용 둔화는 소득 감소로 이어져 소비를 더욱 위축시킬 수 있으며, 이러한 악순환은 경기침체를 가속화시킬 수 있습니다.

따라서 소비의 상태는 미국 경제의 건강과 성장에 중대한 영향을 미칩니다. 이처럼 소비는 미국 경제의 핵심 구성 요소 중 하나로, 소비자 지출이 경제의 건전성과 성장을 결정하는 주요 요인입니다.

투자 : 미국 경제의 성장 엔진

미국 경제에서 투자는 주요 구성 요소 중 하나로 GDP의 약 15~17%를 차지합니다. 이는 기업 부문의 경제 활동을 나타내며, 경제의 안정성과 성장에 핵심적인 역할을 합니다. 투자는 크게 비주거용 투자와 주거용 투자로 구분됩니다.

비주거용 투자는 제조업 및 서비스 부문을 포함하는 비주택 관련 경제 활동을 의미합니다. 이를 평가하기 위한 주요 지표로는 ISM 제조업 및 비제조업 보고서, 산업생산, 내구재 주문 등이 있습니다. ISM 보고서는 제조업과 서비스 부문의 경기 활동을 측정하며, 산업생산은 제조업의 생산 활동을, 내구재 주문은 내구재 제조업의 주문 동향을 파악합니다. 이러한 지표들은 경제 활동의 성장 또는 침체를 나타내며 기업의 경기 전망에 영향을 미칩니다.

주거용 투자는 주택 관련 분야의 경제 활동을 나타내며 신규 주택 판매, 기존 주택 판매, 주택 착공 건수 등의 지표가 이에 해당합니다. 주택 판매 지표는 주택시장의 거래 활동을 반영하며, 주택 착공 건수는 새로운 주택 건설의 시작을 보여 줍니다. 이러한 지표들은 주택 가격, 건설 활동, 소비자 심리 등과 연결되어 주택시장과 부동산 부문에 영향을 미칩니다.

전반적으로 비주거용과 주거용 투자는 미국 경제의 다양한 측면에 영향을 미치며, 경제의 건강한 성장과 안정성을 지원하는 데 중요한 역할을 합니다. 이러한 투자 활동은 경제의 전반적인 발전과 경기 변회를 이해하는 데 필수적인 요소입니다.

정부지출 : 공공의 힘

정부지출은 연방부터 주, 지방 단위에 이르기까지 다양한 공공 서비스와 프로젝트에 투입되는 자금의 총액을 나타내며, GDP의 15~17%를 구성합니다. 이러한 지출은 경제에 직접적인 영향을 미치며 정부의 정책과 우선순위에 따라 달라집니다.

공공 서비스에 대한 지출은 교육, 건강 관리, 교통 인프라, 법률 시스템, 환경 보호, 경찰 및 소방 서비스 등을 포함합니다. 이러한 서비스는 사회의 안전과 안녕, 기능성을 유지하는 데 필수적입니다. 또한 정부는 국방 및 국가 안보에 대한 지출을 통해 국가의 주권과 안정을 보호합니다. 국방 지출은 군사력 유지, 국방력 강화, 국내 및 국제 안전 유지를 위한 예산을 포함합니다.

건설 지출은 정부의 건설 프로젝트와 인프라 투자를 나타내며, 이는 고용 창출과 경제성장을 촉진하는 데 중요한 역할을 합니다. 특히 경기침체 시기에는 정부가 공공 프로젝트를 통해 일자리를 만들고 경제를 활성화하는 데 필수적인 예산을 투자합니다. 이러한 지출은 경기침체를 극복하고 경제 안정성을 유지하는 데 도움이 됩니다. 전반적으로 정부지출은 사회의 다양한 부문에 대한 지원과 경제적 성장을 촉진하는 데 중요한 역할을 합니다.

순수출 : 글로벌 무대에서의 미국

미국 경제에서 순수출, 즉 수출과 수입의 차이는 GDP 대비로 볼 때 비교적 작은 비중을 차지합니다. 일반적으로 미국은 수입이 수출보다 많아 무역 적자를 보이며, 순수출은 대략 -5~0%의 GDP 비율을 나타냅니다. 이는 미국의 강한 내수시장과 높은 수입 수준을 반영합니다. 순수출의 양과 음은 각각 무역 흑자와 적자를 의미하며, 이는 경제에 긍정적 또는 부정적 영향을 줄 수 있습니다.

국제 무역에서의 가격 변동은 수출입물가지수, 소비자물가지수, 생산자물가지수 등을 통해 추적되며, 이러한 지표들은 물가 변동, 인플레이션, 소비자 및 기업의 구매 및 투자 결정에 중요한 영향을 미칩니다. 순수출과 관련된 이러한 지표들은 미국 경제의 국제적 위치와 경제적 건강을 이해하는 데 중요한 역할을 합니다.

GDP NOW :
경제성장률을 빠르게 예측하는 중요한 도구

미국의 경우 실질 GDP 성장률은 미국 경제분석국Bureau of Economic Analysis, BEA에서 산출되고 있지만 해당 지표는 분기에 한 번 발표되기 때문에 투자자 입장에서 시의성이 떨어질 수 있습니다. 이러한 단점을 다소 해결해 주는 유용한 모델이 있습니다. 애틀란타 연준이 개발한 GDP NOWNowcasting of GDP라는 모델입니다.

GDP NOW는 경제학에서 매우 중요한 지표인 실질 국내총생산 GDP 성장률을 빠르게 예측하고 추정하기 위한 모델입니다. 이 모델은 BEA에서 공식적으로 발표하는 GDP 성장률 예상치와는 다르게, 더 빠르게 경제 상황을 파악할 수 있도록 도와줍니다.

GDP NOW 모델은 GDP 성장률을 예측할 때 다음과 같은 핵심 지출 요소를 고려합니다. 소비(개인 및 가계의 소비 지출), 투자(기업의 투자 활동), 정부지출(정부가 진행하는 지출 및 프로그램), 순수출(수출과 수입 간의 차이)입니다.

이 모델은 경제 관련 데이터와 지표를 실시간으로 수집하고 분석하여 GDP 성장률을 빠르게 예측합니다. 따라서 BEA에서 공식 발표되는 GDP 성장률 예상치가 발표되기 전에, 현재 경제 상황을 미리 파악하는 데 유용하게 활용됩니다.

그러나 GDP NOW 모델은 완벽하지 않으며, 예측과 실제 발표 간에는 오차가 있을 수 있습니다. 그럼에도 불구하고 이 모델은 빠른 경제 정보를 필요로 하는 투자자, 정책 결정자, 경제 전문가들에게 중요한 도구로 인정받고 있습니다.

GDP NOW 모델의 예측 결과는 초기 예상치로 공개되며, 미국 경제의 건강한 추세를 파악하는 데 도움을 줍니다. 그리고 시장 참여자들은 이러한 초기 예상치를 통해 경제의 흐름을 파악하고 투자 결정을 내립니다. 이 모델은 초기 예상치의 정확성을 높이기 위해 지속적으로 개선되고 있으며, 미국 경제에 대한 중요한 참고 자료로 활용되고 있습니다.

미국 경제의 전망 :
GDP와 GDI 간의 괴리 분석

최근 미국 경제의 지속적인 우상향 전망에 대해 살펴볼 때, GDP(국내총생산)와 GDI(국내총소득) 간의 괴리를 중심으로 고려해 볼 필요가 있습니다. 이 두 지표 사이의 차이는 미국 경제의 실질적인 상태를 더욱 정확하게 이해하는 데 중요한 단서를 제공합니다.

2023년 2분기를 기점으로 미국 경제에서 GDP와 GDI 간의 갭이 커지고 있는 상황이 관찰되고 있습니다. 이는 과거에도 나타난 현상으로, 특히 2000년대 초반에 이러한 괴리가 관찰되었으며, 당시 GDI가 경제 상황을 더 정확하게 반영했던 사례가 있습니다.

2023년 2분기에도 GDP와 달리 GDI는 더욱 확대되고 있는 상황

실질 GDP & 실질 GDI 추이

※ 자료 : 2023년 8월 삼프로 발표 자료

입니다. 이는 정부의 이전 소득 감소 등의 요인에 기인할 수 있으며, 향후 GDP와 GDI 간의 괴리가 더욱 확대될 가능성이 있습니다.

이론적으로 GDP와 GDI는 일치해야 하지만, 실제로는 통계적 불일치로 인해 차이가 발생합니다. 이는 GDI가 일반적으로 늦게 발표되는 경향이 있기 때문에 나타나는 현상입니다. 현재로서는 미국 경제가 경기둔화 국면에 직면했는지 여부를 확실히 판단하기 어렵습니다.

이러한 분석을 통해 미국 경제의 실제 상황을 이해하고 향후 전망을 설정하는 데 GDP 데이터만을 고려하는 것이 아니라 GDI와 같은 다른 지표들을 함께 고려하는 것이 중요합니다. GDP와 GDI 간의 괴리를 면밀하게 분석함으로써 미국 경제의 실질적인 성장 가능성과 잠재적인 위험 요소를 보다 정확하게 파악할 수 있을 것입니다.

리세션의 그림자, 미국 경제의 숨겨진 이야기 읽기

미국의 경기침체는 경제 연구와 정책 측면에서 중요한 주제 중 하나이며, 주로 실질 GDP 성장률이 2분기 연속으로 마이너스를 기록할 때 시작된다고 일반적으로 정의됩니다. 그러나 경기침체의 정의는 다양하며, NBERNational Bureau of Economic Research는 독자적인 기준을 사용합니다. NBER는 미국의 비영리 연구기관으로 경제 및 금융 분야에서 연구를 수행하고 경제 사이클과 경제 활동의 패턴을 분석하는 역할을 합니다. 그들은 GDP 성장률 외에도 고용, 소비, 생산 등 다양한 지표를 종합하여 경기침체를 판단합니다.

그러나 경기침체의 정의보다는 그것이 경제와 금융시장에 미치는 영향이 더 중요합니다. 경기침체는 일반적으로 고용 감소, 소비 감소, 생산 감소와 같은 부정적인 영향을 미칩니다. 이는 실업자, 기업의 수익 감소, 주식시장의 하락, 금융 불안과 같은 문제를 초래할 수 있습니다.

예를 들어, 경기침체가 발생하면 주식시장에서는 부진한 모습을 보일 가능성이 높으며, 투자자는 경기의 변화에 맞추어 자산 포트폴리오를 조정해야 할 수 있습니다. 경기침체와 경기순환주기에 대한 이해는 투자자들에게 중요한 지침서가 될 수 있습니다.

NBER는 경기침체를 공식적으로 선언할 때, 이러한 주요 지표들이 최소한 6개월 이상에 걸쳐 경제 활동이 심각하게 위축되었거나 하락했을 때로 정의하고 있습니다. 이러한 지표들 중에서도 실질개인소득과 비농업 취업자수를 중요한 비중으로 고려하며, 특히 소비와 고용의 움직임이 경기침체를 판단하는 데 중요한 역할을 합니다.

경기침체는 경제와 금융시장에 큰 영향을 미치며, 미국의 경기 변동을 예측하고 분석하는 데 중요한 지표입니다. 따라서 NBER의 경기침체 기준과 주요 경제지표를 이해하는 것은 투자자와 경제 전문가에게 중요한 도구가 될 수 있습니다.

연착륙과 경착륙은 경제학에서 사용되는 용어로, 경기 사이클의 다른 단계를 나타냅니다. 이 용어들은 경제의 성장과 하강 단계를 설명하는 데 사용됩니다.

경착륙hard landing은 경기둔화가 극도로 심해지고, 경기가 급격하게 하강하는 과정을 나타냅니다. 이때 생산과 소비는 크게 축소되며, 실업률이 급격하게 상승하고 경제지표가 불안한 상황을 보입니다. 이는 일반적으로 경기침체의 극단적인 형태로 간주되며, 금융위기와 함께 발생할 수 있습니다.

연착륙soft landing은 경기가 완만하게 수축하고 경기둔화가 상대적으로 천천히 일어나는 과정을 의미합니다. 이때는 경기가 완만하게 둔화되며 생산과 소비는 감소하지만 급격한 하락이 없습니다. 연착륙은 경기 조정 과정 중에서 가장 원활하고 안정적인 형태로 간주됩니다.

중앙은행은 경제의 안정성을 유지하기 위해 통화정책을 활용합니다. 연착륙을 달성하는 것은 중앙은행의 중요한 목표 중 하나로 여겨집니다. 중앙은행은 경기가 과열하지 않고 인플레이션을 통제하면서도 경제가 안정적으로 성장하도록 통화정책을 조절합니다. 이를 통해 경기의 경착륙을 피하고 연착륙을 달성하기 위해 노력합니다.

실물경제와 주가의 관계가 일관적이지 않음에도 불구하고 전후 12번의 미국 경기침체기에 주가는 예외 없이 하락했습니다. 주가 고점 및 저점 시기는 사례별 편차가 존재하나 고점은 대체로 경기침체 진입 2~7개월 전에 형성되고 저점은 침체 종료 3~5개월 전에 통과했습니다.

시기	주가 등락률(%)	GDP 감소폭(%)	실업률 상승폭(%p)	침체기간 (개월)
1948. 12.~1949. 10.	-20.6	1.5	4.1	11
1953. 8.~1954. 5.	-14.4	2.4	3.3	10
1957. 9.~1958. 4.	-20.7	3	3.3	8
1960. 5.~1961. 2.	-13.4	0.7	1.7	10
1970. 1.~1970. 11.	-30.4	0.7	2.4	11
1973. 12.~1975. 3.	-44.1	3.1	3.8	16
1980. 2.~1980. 7.	-14.7	2.2	1.5	6
1981. 8.~1982. 11.	-25.5	2.5	3.6	16
1990. 8.~1991. 3.	-20.4	1.4	1.3	8
2001. 4.~2001. 11.	-47.2	0.1	1.2	8
2008. 1.~2009. 6.	-57.7	3.8	4.5	18
2020. 3.~2020. 4.	-35.4	9.6	11.2	2
평균	-28.7	2.6	3.5	10.3
중간값	-23.1	2.3	3.3	10

1) NBER, 음영 부분은 깊은 경기침체 기간(GDP 감소폭 3% 이상이면서 실업률 상승폭 3%p 이상)
2) 주가 등락률은 경기침체 직전 6개월 중 고점→경기침체 기간 중 저점까지 등락률
3) GDP 감소폭은 경기침체기 중 분기 실질 GDP 변화폭

※ 출처 : 국제금융센터

연준이 그리는 고용의 그림 :
연준의 통화정책과 일자리 조화

실업률과 경기의 상호작용 :
경기국면과 통화정책의 관계

실업률은 경기의 거울로 볼 수 있습니다. 경기는 경제 전반의 생산, 소비, 투자 등의 활동이 어떻게 움직이는지를 나타내는 지표입니다. 경기는 크게 확장국면(경제성장), 침체국면(경기하락), 그리고 침체에서 확장으로의 전환(회복) 3가지로 나눌 수 있습니다. 실업률은 경기국면과 밀접한 관련이 있으며, 경기의 흐름을 파악하는 데 중요한 역할을 합니다.

확장국면에서는 경제가 성장하고 일자리가 늘어납니다. 이로 인해 실업률이 하락하게 되며, 고용 상황이 호전됩니다. 기업들은 생산을 늘리고 새로운 고용 기회를 제공하므로 실업률이 최저점을 찍습니다. 소비와 투자도 증가하며, 경제는 확장국면을 유지합니다.

침체국면에서는 경제 활동이 둔화되고 일자리가 감소합니다. 실업률이 상승하게 되며, 고용 상황이 악화됩니다. 기업들은 생산을 축소하고 고용을 감축하므로 실업률이 상승합니다. 소비와 투자도 줄어들고 경제는 침체국면에 진입합니다.

역사적으로 경기침체국면은 실업률이 최저점에서 반등했을 때와 연준이 기준금리 인상 사이클을 종료하고 기준금리 인하를 시행하며 2가지를 충족시켰을 때 시작했습니다. 실업률이 최저점에서 상승하기 시작하면 이는 경기의 둔화와 경기침체의 가능성을 시사하며, 연준은 이에 대응하여 통화정책을 완화하는 조치를 취하려고 합니다. 이를 통해 경기의 부양을 시도하고 경기침체를 예방하거나 완화하려고 합니다.

침체국면에서 확장국면으로의 전환 시에는 일부 신호가 나타납니다. 주요한 신호 중 하나는 실업률의 하락입니다. 실업률의 감소는 경기가 천천히 회복되는 조짐입니다. 이는 기업들이 다시 고용을 늘리고 경제 활동이 증가하고 있다는 것을 나타냅니다.

실업률은 중앙은행(미국의 경우 연방준비제도 또는 연준)의 통화정책에도 영향을 미칩니다. 실업률이 상승하면 중앙은행이 경기 부양을 위해 기준금리를 낮추는 경향이 있습니다. 이렇게 통화정책을 통해 실업률을 관리하려고 합니다.

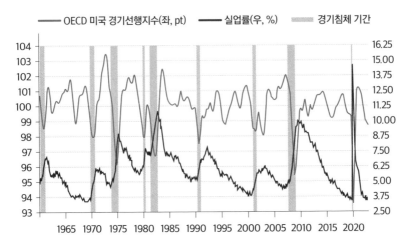

경기선행지수와 실업률 추이

— OECD 미국 경기선행지수(좌, pt)   — 실업률(우, %)   ▨ 경기침체 기간

실제로 연준은 통화정책의 방향을 결정할 때 실업률과 인플레이션 등의 경제지표를 가장 주시하며 경기의 흐름을 파악하고 대응합니다. 따라서 실업률은 중앙은행의 통화정책 결정에 중요한 영향을 미치며, 이와 함께 경기의 상황을 평가하는 데 필수적인 지표 중 하나로 작용합니다.

비농업 취업자 수 지표 : 경제성장, 노동시장 간 연결

비농업 취업자 수에 대해서 알아보겠습니다. 비농업 취업자 수 증가는 기업 노동수요 증가 의미합니다. 비농업 취업자 수가 증가하는

46

것은 기업들이 더 많은 근로자를 필요로 한다는 것을 나타냅니다. 이것은 대체로 경제가 성장하고 있으며, 기업들이 더 많은 제품이나 서비스를 생산하고 판매할 계획이 있음을 의미합니다.

노동 수요가 증가하면 기업들은 적합한 인력을 확보하기 위해 경쟁적으로 임금을 올리게 됩니다. 이렇게 되면 근로자들에게 더 높은 임금을 제공하는 기업에 많은 근로자가 몰리게 됩니다. 결국 임금이 상승하면 기업의 노동비용도 증가합니다. 일반적으로 기업들은 이 증가된 비용을 소비자에게 전가하기 위해 제품이나 서비스의 가격을 올리게 됩니다. 결과적으로 가격 상승률인 인플레이션이 상승하게 됩니다.

반대로 비농업 취업자 수 감소는 기업에 많은 근로자가 필요하지 않다는 것을 나타냅니다. 이것은 경제가 침체되고 있거나, 기업들이 미래에 제품이나 서비스를 생산하고 판매할 계획을 축소하고 있음을 의미합니다.

노동 수요가 감소하면 기업들은 더 적은 근로자를 필요로 하게 됩니다. 이러한 상황에서 근로자들은 직장을 잃지 않기 위해 임금 인상을 요구하기 어려워집니다. 임금이 하락하거나 임금상승률이 둔화되면, 기업의 노동비용도 줄어들게 됩니다. 이러한 비용 절감은 제품이나 서비스의 가격 인상 압력을 줄이게 되며, 결과적으로 인플레이션이 하락하게 됩니다.

비농업 취업자 수는 경제의 건강한 발전과 인플레이션에 중요한 영향을 미치는 경제지표입니다. 이 지표는 경기회복 과정에서 늘어나며, 경기 정점에서는 둔화하고 경기침체 과정에서는 감소할 가능성이 있습니다. 경제의 성장과 침체 단계에서 이러한 관계는 중앙은행의 통화정책 결정에도 큰 영향을 미칩니다. 따라서 비농업 취업자 수는 경제의 중요한 지표 중 하나로, 경제 전반의 건강 상태와 인플레이션 동향을 이해하는 데 도움을 줍니다.

실업률 :
경제 건강의 척도와 미래 경제 전망

미국의 실업률은 국가 경제 건강의 핵심 지표 중 하나입니다. 이 지표는 노동시장의 강도와 경제의 전반적인 상태를 나타내며, 중앙은행 및 정책 입안자들이 경제 상황을 판단하고 의사결정을 내리는 데 중요한 역할을 합니다. 실업률은 경제활동인구 중에서 일자리를 찾고 있으나 아직 찾지 못한 사람들의 비율로 계산됩니다.

즉 노동을 제공할 의향이 있지만 일자리가 없는 사람의 비율입니다. 실업률은 경제의 건강 상태를 나타내기 때문에 매우 중요한 지표입니다. 낮은 실업률은 경제가 잘 돌아가고 있으며, 기업들이 노동자들을 계속 고용하고 있다는 것을 나타냅니다. 반면, 높은 실업률은 경제의 불확실성이나 경기침체의 징후일 수 있습니다.

낮은 실업률은 노동 공급이 부족함을 의미하므로 기업들이 적합한 노동력을 확보하기 위해 임금을 인상할 수 있습니다. 이는 생산비용의 증가로 이어질 수 있으며, 더 나아가서는 인플레이션 압력을 높일 수 있습니다.

다만 인플레이션 시기에 실업률이 예상보다 조금씩 높게 나타난다면, 적절한 성장과 안정된 인플레이션 수준을 의미하는 골디락스 시나리오를 기대할 수 있습니다. 그러나 실업률이 상승하는 동시에 높은 인플레이션과 경제성장률의 감소가 동시에 발생한다면, 스태그플레이션의 가능성이 제기되기도 합니다.

결론적으로 미국의 실업률은 노동시장의 상태, 경제의 건강, 그리고 미래의 경제 전망에 대한 중요한 정보를 제공합니다. 다양한 요인과 상호작용하며, 경제의 방향성을 결정하는 중요한 지표 중 하나입니다.

비농업 취업자 수와 실업률 지표의 집계방식의 차이

비농업 취업자 수와 실업률 지표의 가장 큰 차이는 집계 방식입니다. 실업률과 비농업 취업자 수의 산출 방법이 다르다는 것은 매우 중요한 포인트입니다.

이 두 지표는 미국 노동시장의 상태를 이해하는 데 중요하지만, 각기 다른 방법으로 수집되므로 그 결과가 서로 다를 수 있습니다. 실업률은 주로 가계대상조사를 기반으로 합니다. 미국 내 여러 가구를 대상으로 전화나 우편 인터뷰를 통해 정보를 수집합니다. 비농업 취업자 수는 기업대상조사를 기반으로 합니다. 이는 주로 비농업 기업과 연방정부, 주정부, 지방정부, 비영리단체 등의 임금대장을 통해 직접적으로 수집됩니다.

기업대상조사에는 정부 고용이 포함되나, 가계대상조사에는 포함되지 않습니다. 농업 및 비법인 자영업자의 경우 가계대상조사에는 포함되나 기업대상조사에서는 제외됩니다.

가끔 상반된 결과가 발생했을 경우에는 일반적으로 기업대상조사가 가계대상조사보다 신뢰도가 높다는 점을 고려해야 합니다. 그 이유는 가계대상조사의 변동성이 크기 때문입니다.

임시직 서비스 취업자 수의 계속된 감소는 노동시장에 균열이 생기고 있다는 간접적인 증거입니다. 이는 잠재적으로 경제에 대한 부정적 영향을 미칠 수 있으며, 이에 대한 지속적인 관찰이 필요합니다.

결과적으로 두 지표는 각각의 방법으로 얻어진다는 점을 감안하면서 그 결과를 해석해야 합니다. 즉 미국 노동시장의 상황을 종합적으로 이해하려면 이러한 지표들을 함께 고려해야 합니다.

임금상승률 : 경제의 노동시장과 인플레이션 간의 연결

임금상승률에 대해서 알아보겠습니다. 노동시장에서 노동의 수요가 공급을 초과할 때, 즉 구인이 많고 구직자가 적을 때 임금상승률은 증가합니다. 반대로 노동의 공급이 수요를 초과할 때 임금상승률은 감소하거나 안정됩니다.

임금상승률이 높으면 가계 소득이 증가하므로 소비와 투자가 증가하게 되어 경제성장을 촉진합니다. 임금상승이 상품 및 서비스의 가격 상승을 초래하고, 높아진 물가로 인해 근로자들이 더 높은 임금을 요구하는 악순환을 의미합니다. 이러한 현상을 임금-물가 악순환 wage-price spiral이라고 부르며, 이는 인플레이션을 가속화시킬 수 있습니다.

예상치보다 임금상승률이 낮게 나온다면, 이는 인플레이션 압력이 줄어들고 있는 것으로 해석될 수 있습니다. 이는 골디락스 시나리오로 경제성장과 낮은 인플레이션이 동시에 이루어지는 상황을 의미합니다. 반면, 예상치보다 임금상승률이 높게 나와 고용과 물가 상승이 동시에 지속된다면 성장에 따라 인플레이션 또는 스태그플레이션 우려가 커질 것입니다.

결론적으로 임금상승률은 노동시장의 상태와 경제 활동, 그리고 인플레이션에 중대한 영향을 미치는 중요한 지표입니다. 따라서 해당 지표의 변동 및 예상치와의 차이는 중앙은행의 통화정책 결정, 투자자의 투자 전략, 그리고 경제 전반에 큰 영향을 미칠 수 있습니다.

구인배율 지표 :
노동시장의 건강과 경제 안정성에 대한 중요한 척도

실업자 대비 구인 규모(빈 일자리) 비율, 일명 구인배율은 현재 노동 시장의 상태와 경제적 균형을 파악하는 데 매우 중요한 지표로 활용됩니다. 이 비율은 노동시장의 수요와 공급 사이의 관계를 나타내는데, 높은 구인배율은 노동수요가 공급을 현저하게 초과하고 있다는 것을 의미합니다.

팬데믹 이후의 경제 회복 과정에서 눈에 띄는 현상 중 하나는 낮은 실업률과 높은 채용공고 수가 지속적으로 유지되는 것이었습니다. 구인배율이 약 2에 달했는데, 이는 실업자 1명당 거의 2개의 일자리가 있다는 것을 의미합니다. 이런 상황은 노동시장의 긴장 상태를 나타내며, 임금 상승 압력으로 인해 높은 인플레이션을 유지하는 주요 원인 중 하나로 작용했습니다. 이에 따라 임금과 물가 사이의 악순환, 즉 임금-물가 스파이럴의 위험이 증가했습니다.

2022년 제롬 파월 연준 의장은 구인배율 감소와 실업률의 안정적 유지가 경제의 연착륙을 가능하게 할 수 있다고 언급한 바 있었습니다. 그런데 실제로 2023년 하반기에는 구인배율이 크게 감소하고 실업률은 약간 상승하는 경향을 보였습니다. 이러한 변화는 노동시장의 동향과 경제 회복 과정에서 중요한 지표로 여겨집니다.

구인배율과 같은 지표는 노동시장의 동향을 정확히 파악하고 경제적 균형을 이해하는 데 매우 중요한 역할을 합니다. 이를 바탕으로

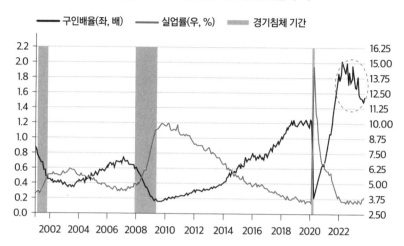

구인배율(빈일자리수/실업자수) 및 실업률 추이

― 구인배율(좌, 배) ― 실업률(우, %) ▨ 경기침체 기간

정책 결정자들은 시장 상황에 적절히 대응하여 경제정책을 조정할 수 있으며, 투자자들에게는 노동시장의 동향을 고려한 투자 전략 조정에 필요한 중요한 정보를 제공합니다. 이러한 지표의 해석과 모니터링은 경제 건강과 성장의 지표로서뿐만 아니라 미래의 경제 방향을 예측하는 데도 중요한 역할을 합니다.

연준의 인플레이션 관리 전략 :
통화정책을 통한 물가 관리 기술

인플레이션과 경기 사이클 :
소비와 수요의 연계

인플레이션과 경기 사이클은 경제의 근간을 이루는 중요한 요소들이며, 이 둘은 소비와 수요의 관계를 통해 설명될 수 있습니다. 경기 확장기에는 일반적으로 소비가 증가하는 경향이 있습니다. 이는 고용 상황의 개선과 가계 소득의 증가로 인해 발생하며, 이러한 소비 증가는 전반적인 수요를 끌어올리고, 따라서 경제 활동이 활발해집니다.

하지만 이러한 수요의 증가가 공급을 초과하게 되면 가격 상승, 즉 인플레이션이 발생할 수 있습니다. 소비자들이 더 많이 소비할 준비가 되어 있으나, 생산이 그 수요를 즉시 충족시키지 못하면 가격이 상승하게 되는 것입니다. 이러한 인플레이션은 구매력 감소로 이어질 수 있으며 경제에 부정적인 영향을 미칠 수 있습니다.

반대로 경기가 후퇴할 때는 고용이 감소하고 가계 소득이 줄어들게 됩니다. 이는 소비 감소로 이어지고, 결과적으로 전체적인 수요가 감소합니다. 수요 감소는 생산 감소로 이어지며, 이는 경제 활동의 전반적인 감소를 초래합니다.

특히 스태그플레이션과 같은 상황에서는 높은 인플레이션에도 불구하고 경제성장이 정체되는 현상이 발생합니다. 이러한 상황에서는 고용 감소와 소득 감소가 소비 감소로 이어지지만, 가격은 여전히 높은 상태로 유지되거나 상승할 수 있습니다.

이러한 인플레이션과 경기 사이클의 관계는 경제정책 결정에서 중요한 근거를 제공합니다. 중앙은행과 정부는 이러한 요인을 고려하여 통화정책과 재정정책을 조정하며, 이를 통해 경제의 안정성을 유지하고자 노력합니다.

중앙은행이 높은 인플레이션을 억제하기 위해 기준금리를 인상할 경우 소비와 투자가 줄어들 수 있습니다. 결국 높은 인플레이션이 경제 활동의 둔화를 야기하고, 이러한 둔화는 반대로 인플레이션을 다시 줄이는 효과를 가져온다는 것입니다.

중앙은행은 이러한 경기 사이클을 안정화하기 위해 통화정책을 조절합니다. 인플레이션이 높을 때는 기준금리를 인상하여 경제 활

경기 사이클과 인플레이션 추이

—— OECD 미국 경기선행지수(좌, pt)   —— 전년 동월 대비 물가상승률(우, %)

▨▨ 경기침체 기간

동을 억제하고, 경제가 후퇴할 때는 기준금리를 낮추어 경제 활동을 촉진합니다. 이러한 조치로 인해 경기 사이클과 인플레이션 간의 관계가 더욱 복잡해집니다.

따라서 경기 사이클을 분석할 때 인플레이션의 역할은 중요합니다. 인플레이션은 경제의 건강 상태를 나타내는 지표 중 하나이며, 경기전망 및 정책 조정에 중요한 정보를 제공합니다. 현재의 경제 상황은 이러한 인플레이션과 연준의 정책 조정 간의 균형을 유지하기 위한 중요한 과제를 안고 있습니다.

인플레이션의 유형 :
경제 움직임과 원인에 따른 이해

물가는 일상에서 사용되는 상품과 서비스의 평균 가격 수준을 나타냅니다. 이는 상품과 서비스 가격의 합산을 통해 계산됩니다. 특정 시점의 물가 변화를 나타내는 지수로는 주로 소비자물가지수CPI와 생산자물가지수PPI가 사용됩니다. 경제 상황과 변동성을 정확히 파악하기 위해서는 물가와 인플레이션에 대한 이해가 중요합니다. 지금부터는 인플레이션과 관련된 다양한 유형과 물가지수를 살펴보겠습니다.

소비가 견인하는 인플레이션은 경제 활력이 증가하고 소비자들의 구매 욕구가 높아질 때 발생합니다. 이 경우 수요가 공급을 초과하여 가격 상승이 나타나며, 이는 소비자물가지수의 추이를 통해 관찰할 수 있습니다. 대규모 재정 지출로 인한 급격한 소비 증가가 있을 경우, 공급자는 수요에 부응하여 가격을 인상하게 됩니다. 이는 경제성장과 일자리 창출을 촉진할 수 있으나, 지나친 가격 상승은 소비 억제로 이어질 수 있습니다.

반면, 생산비용이 견인하는 인플레이션은 생산 과정에서 필요한 자원이나 노동의 가격 상승으로 인해 발생합니다. 기업들은 추가된 비용을 상품 가격에 반영하여 소비자에게 전가하며, 이는 생산자물가지수의 추이를 통해 관찰됩니다. 국제 원유 가격 상승이나 노동조합의 임금 인상 요구와 같은 요인이 생산비용을 높이고, 최종 상품 가격의 상승을 초래할 수 있습니다. 이러한 인플레이션은 기업 수익성 악화, 생산 활동 저하, 고용 감소, 경제성장 둔화 등을 가져올 수 있습니다.

따라서 중앙은행이나 정부는 인플레이션의 유형에 따라 다른 대응 전략을 마련해야 합니다. 소비자물가지수와 생산자물가지수는 이러한 전략 수립에 중요한 정보를 제공하며, 경제 상황의 변화를 이해하고 예측하는 데 도움을 줍니다.

소비자물가지수 : 물가상승률과 경제 판단의 핵심 지표

소비자물가지수CPI는 소비자가 일상적으로 구매하는 상품 및 서비스의 가격 변동을 측정하는 중요한 경제지표로, 물가상승률과 경제 판단에 핵심적인 역할을 합니다. 미국의 노동통계국BLS이 매월 다양한 상품 및 서비스의 가격을 조사하여 CPI를 계산하고 발표합니다. CPI는 투자자, 정책 결정자, 기업가, 일반 소비자에게 중요한 정보를 제공하며, 중앙은행과 정부는 이를 통해 물가상승률을 모니터링하고 통화정책 및 재정정책을 결정합니다.

CPI는 여러 상품 및 서비스 카테고리로 구성되며, 각 카테고리는 해당 지역의 소비 패턴에 따라 다른 가중치를 가집니다. 이는 2년마다 업데이트되며 주요 카테고리로는 음식(13%), 주거비(33%), 에너지(7.4%), 의료 서비스(7%) 등이 있습니다. 그러나 CPI는 소비자 구매 패턴의 변화가 즉시 반영되지 않거나 상품의 품질 향상이 가격 상승으로 이어질 때 이를 완벽하게 반영하는 데 한계를 가지고 있습니다.

음식과 에너지 가격은 단기적인 외부 요인에 의해 크게 변동될 수 있어, 핵심 CPI가 더 안정적인 물가 변동을 나타내는 지표로 사용됩니다. 핵심 CPI는 특정 품목의 가격 변동에 따른 영향을 최소화하여 물가 상황을 더 일관되게 파악합니다.

반면, 개인소비지출지수PCE는 전체 국민의 소비 행태를 반영하며 실제 지출을 기반으로 계산합니다. 이는 분기별로 업데이트되며 주요 카테고리는 음식(14%), 에너지(4.3%), 의료 서비스(17%), 주거비(18%), 대중교통 서비스(3.1%) 등이 있습니다. PCE는 변화하는 소비자 습관을 더 잘 반영하고, 의료비용은 서비스 제공자의 관점에서 계산됩니다.

CPI는 고정된 소비 패턴에 초점을 맞춘 반면, PCE는 변화하는 소비자 습관을 반영하고 전체 국민의 소비를 포함합니다. 이러한 차이점 때문에 두 지수 모두 경제정책 결정 시 고려되며, 인플레이션의 다양한 측면을 조명하는 데 필수적인 도구로 활용됩니다. 연준은 PCE 지수를 더 많이 고려하는 경향이 있지만, 두 지수 모두 경제 분석에 중요한 역할을 합니다.

생산자물가지수 : 생산과 도매 과정의 가격 변동을 분석하는 핵심 경제지표

생산자물가지수PPI는 생산 및 도매 단계에서의 가격 변동을 측정하는 중요한 경제지표입니다. PPI의 변동은 기업의 생산비용, 수익성 및 최종 소비자물가에 미치는 영향을 분석하는 데 유용합니다. 이 지표의 상승은 생산비용의 증가를 의미하며, 이는 종종 소비자 가격에 영향을 미칠 수 있습니다.

PPI는 기업 간 거래에서의 가격 변동을 반영하므로, 생산 과정에서의 비용 변화를 나타냅니다. 이는 비용 및 가격 압력의 변화를 파악하는 데 중요한 도구로, CPI의 선행 지표로도 활용됩니다. PPI의 변화는 CPI의 변동을 예측하는 데 종종 사용됩니다. 생산비용이 상승하면 그 비용은 보통 소비자에게 전가되어 소비자물가 상승을 초래할 수 있습니다.

미국에서는 PPI가 노동통계국BLS에 의해 발표됩니다. BLS는 매월 다양한 품목의 도매가격을 조사하여 PPI를 계산하고 발표합니다. PPI는 원자재, 중간재, 최종재로 구분되며, 각각의 범주는 생산 과정에서 사용되는 다양한 재료 및 제품들의 가격 변동을 포함합니다.

PPI도 마찬가지로 일부 품목의 가격 변동이 크게 나타날 수 있어, 이러한 품목을 제외한 핵심 생산자물가Core PPI를 참조하기도 합니다. 특히 원자재의 가격 변동은 시장 요인에 따라 크게 달라질 수 있으므로, 이를 제외한 지표가 더 안정적인 가격 압력을 나타낼 수 있습니다. 이를 통해 경제 전문가, 정책 결정자, 투자자들은 보다 정확하게 경제 상황을 분석하고 예측하는 데 도움을 받을 수 있습니다.

근원물가지수 : 중장기적인 물가 변동을 분석하는 핵심 경제지표

근원물가지수Core Inflation Index는 중장기적인 물가 변동 추세를 파악하는 데 중요한 지표로 정책 결정자와 경제 분석가에게 필수적인 정보를 제공합니다. 이 지표는 일반 물가지수에서 변동성이 큰 특정 품목들, 주로 농산물과 에너지 관련 품목을 제외한 물가 변동을 나타냅니다. 이러한 제외는 계절적 요인, 기후 조건, 국제 정치적 상황 등 외부 요인에 의해 크게 변동하는 품목들의 영향을 배제하여 물가의 기조적인 추세를 더 정확히 반영하기 위해서입니다.

중앙은행은 통화정책을 결정할 때 이 근원물가지수를 참고하여 물가 상승의 기조적 압력을 평가합니다. 근원물가지수의 주요 장점은 일시적이거나 단기적인 가격 변동의 영향을 제거함으로써 물가의 실질적인 추세를 보다 정확하게 반영한다는 것입니다. 하지만 이 지표는 일상생활에서 소비자들이 경험하는 실제 물가상승률과의 괴리가 있을 수 있으며, 특히 에너지나 농산물 가격이 급등하는 경우 이러한 괴리가 더욱 커질 수 있습니다.

따라서 근원물가지수는 중장기적인 경제 상황의 정확한 파악에는 유용하지만, 단기적인 가격 변동이나 소비자들의 경제적 부담을 완전히 반영하지는 못합니다. 이는 물가상승률을 평가할 때 다른 지표들과 함께 종합적으로 고려되어야 함을 의미합니다. 또한 일반 소비자들과의 괴리를 줄이기 위해, 정책 결정자와 경제 분석가들은 근원물가지수 외에도 다양한 물가 관련 데이터와 시장의 반응을 면밀히 분석할 필요가 있습니다.

경제 주체의 기대인플레이션과
미래 경제 결정

　기대인플레이션은 경제 주체들이 미래의 물가 변동에 대해 갖는 예상치로 현재의 경제 행동과 결정에 중요한 영향을 미칩니다. 이러한 기대치는 정보, 경험 및 중앙은행의 정책 선언을 기반으로 형성되며, 경제 주체들은 이를 참고하여 임금, 가격, 투자와 같은 주요 결정을 내립니다.

　중앙은행이 미래의 물가상승률을 예측하거나 선언할 때 기업과 소비자들은 이 정보를 토대로 경제적 결정을 내리게 됩니다. 강한 인플레이션 기대는 물가상승률을 증가시킬 수 있으며, 반대로 낮은 인플레이션 기대는 물가상승률을 안정화하는 데 도움이 될 수 있습니다.

　기대인플레이션의 수준을 측정하는 여러 지표는 경제 주체들이 미래에 예상하는 인플레이션 수준을 파악하는 데 핵심적인 역할을 합니다. 이 지표들은 현재의 소비와 투자 결정에 영향을 미치는 중요한 정보를 제공하며, 경제정책 입안자와 투자자들에게 미래 인플레이션에 대한 중요한 통찰을 제공합니다.

　이러한 기대인플레이션 지수는 경제의 건강 상태를 평가하는 데 중요하며, 미래의 경제 전망과 정책 방향에 대한 중요한 가이드라인을 제공합니다. 이를 통해 보다 안정적이고 예측 가능한 경제 환경을 조성하는 데 기여할 수 있습니다. 따라서 기대인플레이션은 미래의 경제 환경과 정책 결정에 중요한 영향을 미치는 요소로 간주됩니다.

기대인플레이션 대표 지수 추이

시장 기대인플레이션(BEI) = 명목금리(국채금리) - 실질금리(TIPS)

BEI 지수Break-Even Inflation Index는 시장 참가자들의 인플레이션 기대를 측정하는 지표로 주로 물가연동국채Treasury Inflation-Protected Securities, TIPS와 일반 국채 간의 금리 차이를 통해 계산됩니다. 이 지수는 다음과 같은 방식으로 작동합니다.

BEI 지수는 일반 국채의 명목금리(이자율)에서 물가연동국채TIPS 금리를 차감하여 산출합니다. 이 차이는 시장 참가자들이 예상하는 미래의 평균 인플레이션을 나타냅니다.

BEI 지수는 투자자들이 예상하는 인플레이션 수준을 반영하므로 시장의 기대인플레이션에 대한 중요한 지표로 활용됩니다. 이는 실시간으로 시장의 변화를 반영하여 인플레이션에 대한 예측을 제공합니다.

이 지수는 중앙은행, 정책 입안자, 그리고 투자자들에게 중요한 정보를 제공합니다. 예를 들어, BEI 지수가 상승하면 인플레이션 기대가 증가하고 있음을 의미하며, 이는 통화정책 결정에 영향을 미칠 수 있습니다.

또한 BEI 지수는 물가연동국채와 같은 인플레이션 보호 투자 상품에 대한 수요와 관심을 반영합니다. 인플레이션 기대가 높을 때 이러한 상품에 대한 투자자들의 관심이 증가할 수 있습니다. BEI 지수는 금융시장에서 인플레이션에 대한 기대를 평가하는 데 중요한 역할을 하며, 경제의 전반적인 인플레이션 압력을 이해하는 데 도움을 줍니다. 이러한 정보는 경제의 향후 방향성을 예측하는 데 중요한 근거가 됩니다.

소비자 기대인플레이션 서베이(미시간대학교)

미시간대학교University of Michigan에서 수행하는 중요한 경제 조사 중 하나입니다. 이 서베이는 일반 소비자들의 인플레이션에 대한 기대를 측정하고, 이를 통해 미래의 인플레이션 추세에 대한 통찰을 제공합니다.

이 조사는 광범위한 소비자들을 대상으로 실시되며, 개인들이 느끼는 인플레이션 기대에 대한 직접적인 정보를 수집합니다. 소비자들의 인플레이션 예상치는 경제에 대한 그들의 개인적인 인식과 기대를 반영합니다. 이는 미래의 소비 및 투자 결정에 영향을 미치는 중요한 요소입니다.

이 서베이 결과는 정책 입안자들에게 경제의 실제 상황과 소비자의 태도를 이해하는 데 도움을 주며, 통화정책 및 재정정책의 방향을 설정하는 데 중요한 정보를 제공합니다. 소비자 기대인플레이션 서베이는 현재의 경제 상태뿐만 아니라 장기적인 경제 전망을 이해하는 데 중요한 역할을 합니다. 소비자들의 기대가 경제 상황에 미치는 영향을 파악할 수 있기 때문입니다.

결론적으로 미시간대학교의 소비자 기대인플레이션 서베이는 경제 분석가들, 투자자들, 그리고 정책 입안자들에게 미래의 인플레이션 동향을 알려 주는 중요한 도구로 활용됩니다. 이 조사는 경제의 실제 상태와 소비자들의 기대치를 동시에 반영하여 경제 예측의 정확성을 높이는 데 기여합니다.

연준 통합 인플레이션 지표(US Federal Reserve Common Inflation Index)

미국 연방준비제도에서 사용하는 종합적인 인플레이션 측정 도구입니다. 이 지표의 목적은 다양한 데이터 출처와 방법론을 통합하여 인플레이션에 대한 보다 정확하고 포괄적인 측정치를 제공하는 것입니다. 이 지표는 물가연동국채, 소비자 기반 설문조사, 전문가 예측조사, 기타 경제지표 등을 종합하여 인플레이션 데이터를 추정합니다.

물가연동국채는 인플레이션에 대응하여 조정되는 금리를 가진 국채로 시장 참가자들의 인플레이션 기대를 반영합니다. 미시간대학교의 설문조사와 같은 소비자 기반의 설문조사는 일반 대중의 인플레이션 기대를 수집합니다. 전문가 예측조사는 경제 전문가들의 예측을 포함하여 경제 분석가들이 예상하는 인플레이션 수준을 반영합니다. 이외에도 리빙스턴 조사, 컨퍼런스보드 조사 등 다양한 경제 지표는 인플레이션 예측에 대한 포괄적인 시각을 제공합니다.

이 통합 지표는 단일 지표만의 한계를 극복하고, 다양한 관점에서 인플레이션을 분석하여 보다 신뢰성 있는 인플레이션 추정치를 제공합니다. 연준은 이 지표를 활용하여 미래의 인플레이션 경로를 예측하고, 그에 따라 통화정책을 설정하는 데 중요한 근거로 삼습니다. 이를 통해 경제의 안정성 유지 및 효과적인 경제정책의 수립에 기여합니다.

인플레이션과 경제 안정 : 중앙은행의 통화정책과 물가 관리 전략

인플레이션, 디플레이션, 디스인플레이션, 그리고 스태그플레이션은 경제 상황을 이해하는 데 매우 중요한 개념들입니다. 각각은 물가 변동과 경제성장과의 관계에서 다른 양상을 보이며, 이에 따른 중앙은행의 통화정책과 경제 관리 방식도 달라집니다.

인플레이션은 물가가 지속적으로 상승하는 현상을 의미합니다. 인플레이션이 지속될 경우 화폐 가치가 감소하고, 구매력이 저하되며, 일반적으로 생활비가 증가하는 등 경제에 부정적인 영향을 미칠 수 있습니다.

디플레이션은 반대로 물가가 지속적으로 하락하는 상황을 나타냅니다. 이 현상은 소비와 투자의 저하를 초래하고, 경제침체와 실업률 상승의 원인이 될 수 있으며, 장기적으로 경제성장에 악영향을 미칠 수 있습니다.

디스인플레이션은 물가상승률이 감소하는 상황을 말합니다. 물가 자체는 여전히 상승하는데 상승 속도가 느려지는 것입니다. 예를 들어, 물가상승률이 2022년 상반기에 9%를 찍고 이후 2023년에 3%까지 하락했던 경우가 디스인플레이션에 해당합니다.

스태그플레이션은 경제성장률이 낮은 상태에서 높은 인플레이션율이 동시에 발생하는 현상입니다. 이러한 상황은 경제정책 입안자들에게 큰 도전을 제시하며, 중앙은행은 종종 인플레이션을 억제하기 위해 금리를 인상하게 됩니다. 그러나 이러한 조치는 경기침체와 더불어 금융시장에 어려움을 가져올 수 있습니다.

중앙은행의 역할은 이러한 다양한 경제 상황에서 '물가 안정 목표제'를 통해 물가상승률의 목표를 설정하고, 이를 달성하기 위한 통화정책을 운영하는 것입니다. 예컨대 미국 연방준비제도는 2%의 물가상승률을 목표로 설정하고 있습니다. 이는 경제 주체들에게 명확한 기대를 제공하며 인플레이션을 예측 가능한 범위 내로 유지하려는 노력의 일환입니다.

중앙은행은 금리, 환율, 통화량 등 다양한 경제지표를 활용해 인플레이션을 예측하고, 이에 맞추어 금리 조정이나 통화 공급 조절 등의 통화정책을 시행합니다. 특히 연준 의장인 제롬 파월은 인플레이션 평가 시 근원 인플레이션, 주택 서비스 인플레이션, 주거비 제외 근원 서비스 인플레이션의 3가지 주요 구성 요소를 중시합니다.

파월 의장은 주거비 제외 근원 서비스 인플레이션의 전망에 대해 여전히 불안정함을 언급하며, 이의 원인으로 타이트한 노동시장을 지적합니다. 노동 수요가 공급을 초과하는 이러한 시장 상황은 임금 상승 압력을 가중시켜 인플레이션을 부추길 수 있습니다. 파월 의장은 주거비 제외 근원 서비스 인플레이션이 추세적으로 하락해야만 연준이 디스인플레이션 국면에 진입했다고 확실하게 인정할 수 있을 것이라고 주장합니다.

결론적으로 중앙은행의 물가 안정 목표제와 파월 의장의 인플레이션 평가법은 경제 안정을 위한 중요한 도구로서 통화정책 결정에 핵심적인 기준을 제공하고 경제 주체들에게 명확한 기대를 제시합니다. 인플레이션 관리는 불확실한 경제 환경에서 안정성을 유지하고 지속 가능한 성장을 추구하는 데 중요한 역할을 하며, 중앙은행의 정책 결정과 이에 대한 지속적인 모니터링은 경제 건전성 유지를 위해 필수적입니다.

| 2장 |

연준의 경제 지휘 :
연준의 정책 결정이
금융시장에 미치는 영향

자산시장을 분석할 때 연준의 통화정책 향방을 파악하는 것은 매우 중요합니다. 미국의 기준금리 조절과 같은 통화정책 결정은 세계 경제와 금융시장에 직접적인 영향을 미칩니다. 연준 의장의 말 한마디나 결정에 따라 세계 증권시장이 폭락하거나 폭등하는 등의 현상이 발생하기도 합니다.

연준은 경기침체를 예방하고 경제를 부양하기 위해 금리정책을 활용합니다. 경기둔화 시기에는 기준금리를 낮추어 대출과 투자를 촉진하며, 경기회복 시기에는 금리를 인상하여 인플레이션과 금융 안정성을 유지하려 노력합니다.

연준 내에서 경제 전망과 통화정책에 대한 다양한 의견이 존재합니다. 특히 '매파'와 '비둘기파'라고 불리는 연준위원들 간의 견해 차이는 중요한 토론 주제 중 하나입니다. 이러한 연준위원들 간의 논쟁은 연준의 통화정책 방향을 결정하는 데 중요한 역할을 합니다.

매파Hawks는 경제성장 전망을 낙관적으로 보며, 인플레이션에 민감한 입장을 취합니다. 이들은 연준이 고강도 긴축정책을 계속해야 한다고 주장합니다. 비둘기파Doves는 경제성장 전망을 상대적으로 비관적으로 보며, 고용 상태를 중요하게 생각합니다. 이들은 연준이 고강도 긴축정책을 지속하면 안 된다고 주장합니다.

이러한 매파와 비둘기파의 차이는 연준의 정책 결정에 근본적인 영향을 미칩니다. 이처럼 경제지표는 다양한 각도와 관점에서 분석해야 하는 복잡한 영역입니다. 이들은 경제의 현재 상태, 과거의 경로, 미래의 방향을 이해하는 데 필수적인 역할을 합니다. 각 지표는 서로 연관되어 있으면서도 독립적인 이야기를 전달합니다. 특히 연준이 말하는 충분하게 제약적인 금리는 이러한 목표를 달성하기 위해 조절되며, 그 수준은 최종 금리와 밀접한 관련이 있습니다.

결론적으로 이러한 의견 차이는 연준 내부의 다양한 견해와 경제에 대한 깊은 이해를 반영합니다. 각각의 관점은 경제 상황에 따라 장단점을 가지고 있으며, 이를 바탕으로 연준은 균형 잡힌 정책 결정을 시도합니다. 투자자들과 경제 분석가들에게는 이러한 내부 논쟁과 그 결과가 중요한 정보가 되며, 이를 통해 경제의 미래 방향에 대한 통찰을 얻을 수 있습니다.

연준의 기준금리 조정 : 인플레이션 대응과 경기 사이클 관리

경기 사이클과 연준 기준금리 : 경기 변동에 따른 정책 대응

미국 연방준비제도의 역할은 경기 사이클과 밀접하게 연관되어 있습니다. 연준은 경제의 각 단계에 따라 금리정책을 조정함으로써 경제 활동을 조절하는 중요한 임무를 수행합니다. 이러한 금리정책은 경기 확장과 위축을 예방하고 경제의 안정성을 유지하는 데 중요한 역할을 합니다.

경기가 확장될 때, 즉 경제 활동이 활발하고 고용 상황이 좋을 때 연준은 인플레이션을 억제하고 경제 과열을 방지하기 위해 기준금리를 인상하는 경향이 있습니다. 이는 소비와 투자의 속도를 늦추어 경제가 지속 가능한 성장 경로를 유지하도록 돕습니다.

경기확장기에 기준금리를 인상하는 경우, 이는 총수요와 총공급 간의 균형을 맞추고 인플레이션을 조절하기 위한 조치입니다. 그러나 이러한 인상이 경제에 부담을 주고 경기침체로 이어질 수 있는 위험도 내포하고 있습니다. 연준은 이러한 인상이 경제의 자연스러운 흐름을 방해하지 않도록 신중하게 접근합니다. 연준의 목적은 경제를 안정화하고 인플레이션을 관리하는 것이지 경기침체를 유발하는 것이 아닙니다.

다만 역사적 사례를 보면 1973년과 1980년의 오일쇼크 기간 동안 연준은 높은 인플레이션을 제어하기 위해 기준금리를 인상했습니다. 이는 당시 경제 상황과 인플레이션 수준에 따른 필요한 조치였으나 경제에 부담을 주어 경기위축의 원인이 되었습니다.

그리고 경기가 위축되는 단계, 즉 경제 활동이 둔화되고 고용 상황이 악화될 때 연준은 경제 활성화와 금융시장의 안정을 위해 기준금리를 인하하는 경향이 있습니다. 금리 인하는 대출 비용을 감소시켜 기업과 가계의 소비 및 투자를 촉진합니다. 이는 경기침체로부터의 회복을 돕고 경제 활동을 다시 활성화시키는 데 중요한 역할을 합니다.

연준의 통화정책은 인플레이션 관리와 경기 활성화 사이에서 균형을 맞추는 것이 매우 복잡하고 도전적인 과제임을 시사합니다. 연준의 금리정책은 경제 전반에 걸쳐 광범위한 영향을 미치기 때문에 정책 결정자들은 다양한 경제지표와 시장의 반응을 면밀히 모니터링하며 세심하게 접근합니다.

인플레이션의 압박과
연준의 기준금리 인상

연준의 기준금리 결정은 경제 사이클과 깊은 연관성을 가지고 있으며, 이는 경제 상황과 불확실성을 고려한 중요한 사안입니다. 2021년 하반기에 연준은 2023년 말까지 기준금리 인상을 연기하겠다고 발표했습니다. 이는 당시의 경제적 불확실성과 미국 경제의 성장 불안정성을 고려한 조치였을 것으로 해석됩니다. 연준은 성급한 기준금리 인상이 경제 확장기를 단축시키고, 위축기로의 전환을 촉발할 수 있는 리스크를 고려하여 인상을 미루었을 가능성이 큽니다.

그러나 높은 인플레이션은 미국 경제에 지속적인 압력을 가하고 있었고, 이에 대응하기 위한 연준의 기준금리 인상이 불가피해졌습니다. 예상보다 빠른 인상은 위축기로의 진입 가능성을 높이는 리스크를 내포하고 있습니다.

연준은 '겸손하고 민첩한' 정책을 통해 경기 사이클에 따른 통화정책의 신속한 조절 능력을 강조하고 있습니다. 이는 1990년대 앨런 그린스펀 의장 시절의 통화정책과 유사한 접근으로 미국 경제가 불확실한 상황에서 침체를 피하고 성공적인 성장을 이루는 데 크게 기여했습니다.

인플레이션과 연준 기준금리 추이

— 미국 기준금리(좌)　　— 전년 동월 대비 물가상승률(우)　　▒ 경기침체 기간

　　2022년부터 시작된 긴축 사이클은 낮은 기준금리 환경에서 상당한 폭의 인상을 목격하고 있습니다. 연준의 기준금리 인상이 미국 경제에 미치는 영향은 경제의 성장과 인플레이션 수준에 따라 달라질 것입니다. 이에 따라 투자자들은 연준의 통화정책과 경제지표를 지속적으로 모니터링하며 경기 국면의 전환 여부를 평가해야 합니다.

　　연준의 통화정책과 경기 사이클에 따른 민첩한 조정이 필요합니다. 연준이 경제를 회복기 국면으로 이끌 수 있을지는 미지수이며, 성장과 인플레이션의 불확실성이 높아 예측이 어렵습니다. 따라서 연준의 정책 운용과 투자자의 민첩한 대응이 중요하게 부각될 것으로 보입니다.

경기침체 진입 시그널, 기준금리 인하

경기침체는 주로 연준의 기준금리 정책과 관련이 있습니다. 경기침체 국면은 연준이 기준금리 인상 사이클을 종료하거나 기준금리를 인하하기 시작할 때 자주 발생합니다. 다시 말해, 연준의 긴축정책이 경기침체 국면을 유발했다고 해석할 수 있습니다. 따라서 연준의 통화정책 변화를 주시하며, 이를 통해 경기침체 예측에 도움을 받을 수 있습니다.

기준금리 인하 시작 후 경기침체까지의 기간은 상대적으로 짧습니다. 이와 함께 연준의 기준금리 인하 시작 시점은 위험자산 가격의 고점과도 밀접한 관련이 있습니다. 연준의 기준금리 조정은 시장의

연준 기준금리 인하 시기 및 실업률 급증

민감도가 높아 경제 상황에 따라 위험자산의 흐름과 연결되는 경향이 있기 때문입니다.

경기의 흐름을 파악하고 그에 따른 대응 전략을 세우기 위해 금리의 움직임은 중요한 신호로 활용될 수 있습니다. 연준이 기준금리를 큰 폭으로 인상하면, 그 영향으로 10년물과 2년물 국채금리 간의 차이 스프레드와 10년물과 3개월물 국채금리 간의 차이(장단기 금리차)가 급격히 줄어들 것입니다.

장단기 스프레드가 축소에서 역전이 되면, 경제 활동의 둔화나 불확실성이 증가하고 있다는 경고 신호로 해석됩니다. 이 시점에서 연준은 금리 인상 대신 인하를 고려할 수 있습니다. 연준이 실제로 기준금리를 인하하는 것은 경기의 둔화나 불확실성을 완화하기 위한 조치로 사용되지만, 시장에서는 경기침체로 향하는 강력한 신호로 해석될 수 있습니다.

투자자들은 위의 과정을 주의 깊게 관찰함으로써 경기침체에 앞서 미리 대응 전략을 세울 수 있습니다. 이를 통해 경제 환경의 변화에 빠르게 적응하고, 자신의 포트폴리오를 보호하거나 기회를 포착하는 데 도움을 받을 수 있습니다.

장단기 금리차 역전과
경기침체 메커니즘

장단기 금리차 역전도 경기와 금융시장의 변화를 반영하는 중요한 지표 중 하나로 간주됩니다. 이 역전은 장기물과 단기물 국채금리 간의 관계에서 나타납니다. 일반적으로 미국의 경우 10년물 국채금리와 2년물 국채금리(또는 10년물과 3개월물 간의 차이)를 비교하여 판단합니다.

장단기 금리차 역전은 역마진과 대출 감소 메커니즘을 통해 은행 시스템에 영향을 미칩니다. 또한 경기침체의 신호로 간주되며, 예금과 자본 유출을 야기할 수 있습니다.

따라서 이러한 현상은 금융시장 및 경제 전반의 안정성과 전망을 평가하는 중요한 지표 중 하나로 인식되어야 합니다. 이는 다양한 경제 및 금융 이슈와 관련이 있습니다. 장단기 금리차 역전은 주로 장기금리가 단기금리보다 낮아지는 현상을 나타내며, 이것은 은행들에게 역마진을 야기할 수 있습니다.

은행은 대출을 통해 이자 수익을 얻습니다. 일반적으로 금리가 높을수록 은행의 대출마진이 커집니다. 그러나 장단기 금리차 역전 시 금리가 역전되면서 은행의 대출이자 수익이 줄어들게 됩니다.

장단기 금리의 역전 현상이 지속될 경우, 은행들은 대출과 예금 간의 이자 차익, 즉 예대 마진에서 발생하는 손실을 줄이기 위해 대출 조건을 강화하게 됩니다. 이는 대출을 받으려는 기업이나 소비자들에게 더 높은 장벽을 만들어 대출 수요를 줄이게 합니다. 결과적으로 대출이 더 까다롭고 비용이 많이 드는 상황이 되며, 이는 전반적인 경제에 대한 불확실성을 증가시키고 경기침체로 이어질 수 있는 신호로 해석될 수 있습니다.

요약하면, 장기금리와 단기금리가 역전되면 은행들은 위험을 회피하려는 경향이 커지며 대출 조건을 더욱 엄격하게 설정하게 되고, 이로 인해 대출 과정이 까다로워질 가능성이 있습니다. 은행의 대출 축소는 신용 창출 감소로 이어지며, 이는 전체 경제 활동에 부정적인 영향을 미칠 수 있습니다. 더 나아가, 경기침체에 대한 우려가 커짐에 따라 예금자들 사이에서 금융기관에 대한 불신이 증가하고, 이는 예금 인출 증가로 이어져 은행의 자본 유출 및 감소를 초래할 수 있습니다. 이러한 현상은 결국 금융 시스템 전반의 안정성에 부정적인 영향을 끼칠 수 있습니다.

따라서 장단기 금리차 역전은 경기침체(리세션)의 강력한 신호로 여겨집니다. 과거에도 장단기 금리차 역전이 경기침체의 예고로 작용한 경우가 많았습니다. 이는 투자자와 경제 전문가들에게 경기둔화의 잠재적인 위험을 경고하는 신호로 작용할 수 있습니다.

장기금리 관리 : 금융시장 안정성과 경기 조절의 목표

적정한 장기금리 : 연준의 제3의 책무와 현대 금융정책

연방준비제도의 역할을 생각할 때, 우리는 자주 '이중 책무dual mandate'인 최대 고용과 물가 안정을 떠올립니다. 하지만 사실상 연준은 3가지 핵심 목표를 가지고 있습니다. 그중 최대 고용과 안정적인 물가는 주요한 경제 목표로 인식되어 왔지만, '적정한 장기금리'는 시장 참여자들의 결정에 크게 의존해 왔기 때문에 상대적으로 적은 주목을 받아 왔습니다.

그런데 2008년 금융위기는 이러한 상황을 바꾸어 놓았습니다. 버냉키 의장은 양적완화 정책을 도입하여 장기채 매입을 늘리고, 이를 통해 장기금리를 인위적으로 낮추는 데 성공했습니다. 그러나 이러한 정책은 시장 교란과 미국 정부의 재정정책에 영향을 주었습니다.

이 변화에 반응하여 '채권 자경단bond vigilantes'이 등장했습니다. 이들은 정부의 과도한 국채 발행에 반대하여 채권을 매도함으로써 금리를 상승시키는 집단입니다. 이 현상은 2023년 하반기 연준의 양적 긴축과 미국 정부의 재정정책에 대한 반응으로 나타났습니다. 특히 2023년 10월 말, 미국채 10년물 국채금리가 5%에 육박하면서 시장은 큰 변동성을 경험했습니다. 이는 정책 당국의 미래 정책 예측 불가능성, 국채 발행량의 불확실성, 통화정책 변동성 등으로 인한 것으로 해석됩니다.

이런 상황에서 연준은 제3의 책무third mandate, 즉 적정한 장기금리 유지에 집중해야 했습니다. 2023년 10월 FOMC 회의 결과(의사록)를 보면, 이전에는 경기침체에 대한 우려로 인한 완화적 태도가 주를 이루었지만, 이번에는 장기국채금리 조정에 더 초점이 맞춰져 있음을 알 수 있었습니다. 재무부의 국채 발행 축소 정책과 연준의 공조를 통해 연준은 이제 장기금리 조정에 중점을 두고 있음이 명확해진 것입니다.

미국 10년물 국채금리의 밸류에이션과 DKW 모델의 중요성

미국 10년물 국채금리의 구성을 이해하는 데 DKW D'Amico, Kim and Wei 모델은 중요한 참고 자료입니다. 이 모델은 미국의 10년물 국채금리를 단기 실질금리, 기대인플레이션, 인플레이션 위험 프리미엄, 그리고 실질 기간 프리미엄 이렇게 4가지 주요 요인으로 분류하고 있습니다.

금리의 상승 요인을 분해해 보았을 때, 단기 실질금리 평균(예상치)과 기대인플레이션의 영향이 크다면 채권시장은 경기가 개선되고 있다고 해석하여 상승할 가능성이 높습니다. 이는 시장 참여자들이 미래에 높아질 것으로 예상되는 실질금리와 물가상승률을 반영하여 금리를 상승시키는 것입니다.

그러나 인플레이션 위험 프리미엄과 실질 기간 프리미엄 요인의 비중이 크다면, 이것은 정부의 과도한 국채 발행, 연준의 예상치 못한 통화정책 조치(조기 긴축), 예상치 못한 인플레이션 등에 대한 채권시장의 불확실성이 높아진 결과로 해석될 수 있습니다. 다시 말해, 시장 참여자들은 정부의 채무 증가, 중앙은행의 금리정책 조정, 예상치를 벗어난 물가 상승 등과 같은 요소들로 인해 미래의 금리 움직임을 예측하기 어려워하며, 이에 따라 인플레이션 위험 프리미엄과 실질 기간 프리미엄이 높아지게 됩니다.

DKW 모델은 위험 프리미엄과 기간 프리미엄을 불확실성의 측면에서 해석하며, 이들의 결합을 텀 프리미엄으로 정의합니다. 반면, 실무적 관점에서는 텀 프리미엄을 채권의 만기가 길어질수록 발생하는 원금 회수 기간의 연장을 고려한 가산금리로 이해하고 있습니다. 이는 만기 기간에 따라 증가하는 금리를 통해 표현되곤 합니다.

요약하면, 금리 상승은 다양한 요인에 의해 영향을 받으며, 그중에서도 단기 실질금리 평균(예상치)과 기대인플레이션은 채권시장의 상승을 주도하는 중요한 요소입니다. 인플레이션 위험 프리미엄과 실질 기간 프리미엄의 상승은 채권시장의 불확실성 증가와 관련이 있으며, 정부와 중앙은행의 정책 조치 및 예상치를 벗어난 경제 상황에 따라 크게 영향을 받을 수 있습니다.

이러한 요소들은 투자자들이 미래의 경제 상황에 대해 어떻게 예측하고 있는지를 반영하며, 이는 채권시장의 동향을 이해하는 데 필

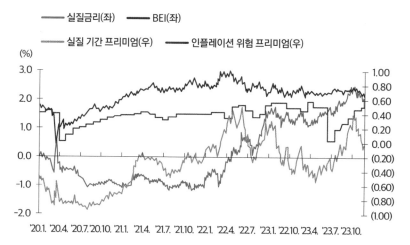

DKW 모델을 활용한 금리 요인별 추이

단기 실질금리 평균

- 채권시장의 경제 활동에 대한 전망과 연방준비제도의 통화정책 방향성을 반영
합니다.
- 경제가 호전될 것으로 예상되면 기준금리 인상의 가능성이 높아질 수 있습니다.
이는 단기 실질금리의 상승을 의미하며, 장기국채금리에도 영향을 미칩니다.

기대 인플레이션

- 시장 참가자들의 미래 인플레이션에 대한 예상을 반영합니다.
- 경제 활동이 증가하고 고용률이 개선될 경우 물가상승률이 증가할 것으로 예상
될 수 있으며, 이는 기대인플레이션 상승으로 이어질 수 있습니다.

인플레이션 위험 프리미엄

- 미래의 인플레이션 변동성, 즉 예상치 못한 인플레이션 변동에 대한 채권 투자
자들의 위험 회피적 태도를 반영하는 요인입니다.
- 스태그플레이션과 같은 예상치 못한 경제적 상황이나 급격한 원자재 가격 상승
등으로 인해 인플레이션 리스크가 높아질 것으로 판단되면 투자자들은 이를 보
상받기 위해 높은 수익률을 요구하게 됩니다.

실질 기간 프리미엄

- 국채의 수급 및 기타 요인이 금리에 미치는 영향을 나타냅니다.
- 정부가 예상보다 많은 국채를 발행할 경우 국채의 공급이 늘어나면서 그 가격
이 하락하고 금리가 상승하는 효과가 발생할 수 있습니다.
- 연준의 통화정책 방향에 대한 불확실성도 실질 기간 프리미엄에 영향을 줍니
다. 연준이 예상외의 방향으로 통화정책을 조정한다면, 이는 채권시장의 불확
실성 증가로 이어질 수 있습니다.

미국 10년물 국채금리는 여러 요인에 의해 영향을 받게 되는데, 특히 불확실성이 커질 경우 텀프리미엄(인플레이션 위험 프리미엄 & 실질 기간 프리미엄)에 상승 압력이 생기게 됩니다.

※ 출처 : 원스경제

수 요소입니다. 이러한 분석을 통해 투자자들은 금리의 움직임과 경제 전망에 대해 보다 정확하게 판단할 수 있습니다.

미국 장기채권 금리와 경기 사이클 : 중요한 경기 판단 지표

연방준비제도는 미국의 경제정책을 관리하는 중요한 기관으로, 그들의 주요 임무 중 하나는 장기금리를 적절하게 관리하는 것입니다. 장기금리는 경제의 안정성 유지, 물가 조절, 경기 조정에 중요한 역할을 합니다. 연준은 이를 통해 경제의 원활한 운영과 고용 촉진을 추구합니다.

미국의 10년 만기 국채금리는 경제 사이클과 밀접하게 연결되어 있습니다. 경제성장과 인플레이션 기대는 장기금리에 큰 영향을 미칩니다. 경기 확장과 회복기에는 성장이 예상되어 장기금리가 상승하는 반면, 경기 후퇴와 위축기에는 성장이 둔화되어 금리가 하락합니다.

과거 50년 동안 미국의 장기금리가 지속적으로 하락하는 추세는 잠재 성장률의 감소와 관련이 있으며, 이는 대부분의 선진국에서도 비슷하게 관찰되는 현상입니다. 미국의 장기금리는 국가 경제성장의 중장기적 추세에 크게 영향을 받습니다.

미국의 채권시장, 특히 장기금리는 전 세계적으로 중요한 역할을 합니다. 연준이 기준금리를 인상하면 장기금리도 상승하는 경향이 있습니다. 그러나 연준이 지속적으로 큰 폭의 기준금리 인상을 시도할 경우 장기금리는 더이상 상승하지 않거나 오히려 하락할 수 있습니다. 이는 시장 참가자들이 경기둔화와 침체 가능성을 고려하기 때문입니다.

연준의 기준금리 인상으로 단기금리가 상승하는 동안 장기금리가 상승하지 않거나 하락하는 것은 장단기 금리차가 줄어드는 것을 의미하며, 이는 경기둔화나 경기침체의 선행 지표로 작용할 수 있습니다. 이러한 금리차의 변화는 시장 참가자들이 미국 경제의 미래에 대한 불확실성을 반영하는 것으로 해석될 수 있습니다.

따라서 장기금리의 움직임을 주의 깊게 관찰하는 것이 중요합니다. 특히 경제의 기본적인 펀더멘털, 중립금리, 인플레이션 기대 등 다양한 요인을 면밀히 분석하는 것이 필요합니다. 이처럼 미국의 장기금리는 연준의 금리 조정과 경기 사이클의 변화에 따라 변동하며, 투자자들은 이를 주시하며 경제의 전망을 파악하는 데 중요한 도구로 사용합니다.

금융시장 모니터링 :
자산시장 관리와
외환시장 안정성 유지

경제 리듬 :
투자에서 경기 사이클의 중요성

경기 사이클은 경제 활동의 반복적인 움직임을 나타내는 현상으로 확장기, 후퇴기, 위축기, 회복기의 4가지 주요 국면으로 나뉩니다. 이러한 사이클은 경제와 금융시장에서 특정한 패턴의 반복을 통해 나타납니다.

경기 사이클을 이해하면 투자자들은 경제 국면에 따라 자산 할당을 조절하고 투자 결정을 내릴 수 있습니다. 예를 들어, 확장기에는 주식에 투자하고, 위축기에는 안전자산에 투자하는 것이 일반적인 전략일 수 있습니다. 경제 사이클을 예측하고 이해하는 것은 금융시장에서 성공적인 투자를 할 수 있는 열쇠 중 하나입니다.

이처럼 미국 경제는 끊임없이 파도와 물결처럼 오르내리며 진화합니다. 이러한 경제 흐름은 경기순환주기를 통해 관찰할 수 있습니다. 경기순환주기는 확장과 침체를 번갈아 가며 경제의 변화를 표현하는 중요한 도구입니다.

경기순환주기는 크게 확장국면과 침체국면으로 구분됩니다. 확장국면은 경기가 회복하고 경제가 성장하는 기간을 나타내며, 침체국면은 경기가 둔화하고 경제가 수축하는 기간을 나타냅니다. 특히 미국 경제는 그 특성 중 하나로 경기순환주기가 상당히 긴 주기로 나타난다는 점을 강조합니다.

경기 사이클과 OECD 경기선행지수 추이

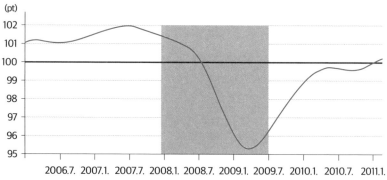

경기확장기(&과열) : 100pt 상회 + 상승 추세
경기후퇴기 : 100pt 상회 + 하락 추세
경기위축기 : 100pt 하회 + 하락 추세
경기회복기 : 100pt 하회 + 상승 추세

이 주기는 경기 저점에서 출발하여 확장국면으로 진행하고, 경기 정점을 찍은 후 침체국면으로 전환한 뒤, 다시 경기 저점으로 돌아가며 확장국면으로 이어집니다. 이러한 주기에서 약 87%의 시간이 확장국면에 소요되며, 침체국면은 약 13%에 그칩니다.

경기침체는 발생 빈도가 매우 낮고, 그러므로 더욱 중요한 시기로 간주됩니다. 미국 경제의 이러한 주기와 흐름을 이해하면 경제의 특정 국면에서 어떤 변화와 도전이 발생하는지 이해하는 데 도움이 됩니다.

미국 주식시장 :
경기 변동의 상호작용

미국 증시는 경제 사이클과 깊은 연결성을 가지고 있습니다. 일반적으로 경기 회복 및 확장기에는 증시가 상승하는 경향이 있지만, 경기 후퇴나 위축기에는 하락 압력을 받을 수 있습니다. 특히 경기가 위축되는 시기에는 경제둔화가 증시에 부정적인 영향을 미칠 가능성이 높습니다. 이러한 상황을 이해함으로써 투자자들은 경기 사이클의 변동성을 고려하여 미국 증시의 동향을 예측하고 보다 효과적인 투자 전략을 수립할 수 있습니다.

최근 긴축 사이클 시기 경제 동향을 살펴보면, 미국은 높은 물가상승률에 대응하여 기준금리를 인상하는 과정을 거쳤고, 이는 2022년

고물가 시기(2022년~현재), 경기선행지수 및 미국 증시 추이

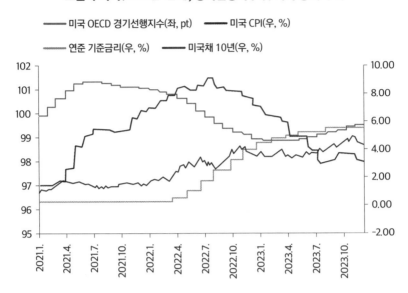

— 미국 OECD 경기선행지수(좌, pt) — 미국 CPI(우, %)
— 연준 기준금리(우, %) — 미국채 10년(우, %)

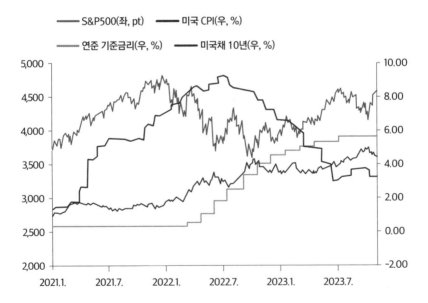

— S&P500(좌, pt) — 미국 CPI(우, %)
— 연준 기준금리(우, %) — 미국채 10년(우, %)

페드 인사이트

에 경기 후퇴와 위축으로 이어졌습니다. 이러한 상황에서 대부분의 투자자들은 2023년 중에 경기침체가 이어지고 이에 따라 금리 인하가 발생할 것으로 예상했습니다. 그러나 2023년 상반기 미국의 경기 선행지수를 살펴보면, 연준의 완화 정책이 시작되지 않았음에도 불구하고 경제가 바닥을 다지고 회복을 시도하는 모습을 보이고 있습니다.

연준의 긴축 사이클 중에서 경기선행지수가 장기적으로 반등하는 사례는 드물었습니다. 따라서 현재의 경제 회복 흐름이 특이한 경우라 할 수 있으며, 이러한 흐름의 원인과 향후 지속 여부를 분석하는 것은 앞으로의 경제 전망에 중요한 영향을 미칠 것입니다.

이번 경제 회복 흐름이 일시적인 현상일지, 아니면 장기적인 추세로 자리 잡을지에 대한 분석은 투자자들과 정책 입안자들 사이에서 다양한 전망과 논쟁을 불러일으킬 수 있습니다. 이를 통해 경제의 미래에 대한 전망이 크게 갈릴 수 있으며, 이는 향후 경제정책과 시장의 방향성에 중대한 영향을 끼칠 수 있습니다.

미국 증시와 연준의 통화정책 : 과거 긴축 사이클 시기 주식시장 변동성

미국 증시는 경기침체 시기에 주로 하락하는 경향이 있으며, 연준의 기준금리 인상 및 경기 사이클의 변동에 따라 큰 폭의 변동성을 보이기도 했습니다. 이러한 움직임은 주식시장의 투자자들과 분석가들에게 중요한 정보와 영감을 제공합니다.

과거의 긴축 사이클 시기에 나타난 몇 가지 대표적인 사례를 알아보겠습니다. 대부분 약세장의 특징은 연준의 고강도 긴축에 따른 경기 선행지수의 하강이었으며, 미국 증시의 반등은 연준이 통화정책을 완화적으로 전환하면서 시작되었습니다.

1970~82년 : 고인플레이션과 경기침체의 복합 위기(스태그플레이션)

1970~80년대 초반의 스태그플레이션 시기는 고인플레이션과 경기침체가 동시에 나타나는 어려운 경제 환경이었습니다. 이 시기 동안 연준은 기준금리 인상을 통해 인플레이션을 억제하려 시도했으며, 이로 인해 S&P500은 큰 폭으로 하락했습니다. 예를 들어, 1973년 1월과 1980년 9월에 연준의 기준금리 인상이 시작되었고, 10개월 만에 경기침체가 시작되었습니다.

1970년대와 1980년대의 오일쇼크는 스태그플레이션 시기였다는 공통점이 있으나 그 원인, 경제적 파급 효과, 에너지 정책에 대한 대응에서 중요한 차이점을 보입니다. 1970년대 위기는 아랍 국가들의 석유 금수 조치에 의한 것으로 세계 경제에 광범위하고 심각한 영향을 미쳤습니다. 이에 반해, 1980년대 위기는 주로 이란 혁명과 이란-이라크 전쟁에 의한 군사적 갈등에 기인했으며, 경제적 파급 효과는 상대적으로 덜 심각했습니다. 이러한 차이점은 두 시기의 위기가 세계 경제와 에너지 정책에 미친 영향을 명확히 구분합니다.

1970~82년(1973~75년 약세장, 1차 오일쇼크)
1970~82년(1980~82년 약세장, 2차 오일쇼크)

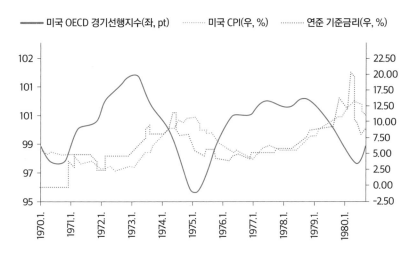

S&P500(약세 기간 21개월, 하락폭 −50%)
S&P500(약세 기간 22개월, 하락폭 −28%)

1994~95년 : 연준의 성공적인 연착륙과 경제 호황의 시기

1994년과 1995년에 연준은 긴축정책을 펼쳤지만 이 시기에는 정확한 연착륙이 이루어졌습니다. S&P500은 기준금리 인상 초기에 하락하거나 횡보세를 유지했으나, 나중에 회복되고 가파르게 상승했습니다. 당시 연준의 적절한 금리정책을 통해 미국 경제는 경기침체 없이 대호황을 이루어 냈습니다. 이로써 당시의 연준 의장인 앨런 그린스펀은 '마에스트로'라는 별명을 얻었습니다.

1994~95년의 경험은 현재의 경제 상황과 연준의 정책에 대한 논의에도 영향을 미칠 수 있습니다. 따라서 1994~95년 사이클에서 자산시장이 어떻게 반응했는지를 공부하는 것은 현재의 투자 결정에 도움이 될 수 있습니다.

1990~2000년(연착륙 성공 및 골디락스 기간)

S&P500(주식시장 버블 형성 기간)

2000~2년 : 닷컴버블 붕괴와 그 여파로 인한 금융시장의 교훈

2000~2년의 닷컴버블 붕괴는 미국 경제에 큰 충격을 주었으며 S&P500은 큰 폭으로 하락했습니다. 닷컴버블 붕괴는 기술시장의 붕괴로 인한 것이었습니다. 특히 금융시장의 과열과 투자자들의 비이성적 행동, 그리고 불안정한 사업 모델을 가진 기업들의 존재를 드러냈습니다.

이 사건은 기술 기업에 대한 과대한 기대가 실제 수익성과 격차가 있을 때 어떤 결과를 초래할 수 있는지를 보여 주었습니다. 이 사건 이후로 많은 투자자는 보다 신중한 접근 방식을 채택하게 되었습니다. 닷컴버블 붕괴는 금융시장의 역사에서 중요한 교훈을 제공하는 사건으로 기록되고 있습니다.

닷컴버블(2000~2년 약세장, 닷컴버블)

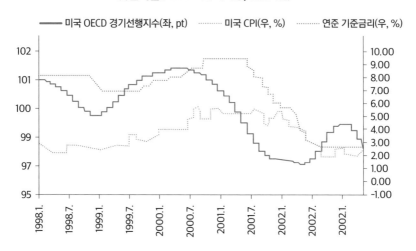

S&P500(약세 기간 31개월, 하락폭 −51%)

페드 인사이트

2007~9년 : 글로벌 금융위기와 그로 인한 세계 경제의 충격

2007~9년의 글로벌 금융위기는 금융 시스템의 붕괴로 인한 것이었습니다. 이 시기의 글로벌 금융위기는 21세기 들어 가장 심각한 경제위기 중 하나로 기록됩니다. 이 위기의 근원은 미국의 주택 시장과 금융 시스템에 있었으며, 그 여파는 전 세계적으로 확산되어 광범위한 경제적 충격을 초래했습니다. 당시 금융위기 이벤트는 경기침체와 함께 주식시장에 큰 영향을 미쳤습니다.

특히 연준의 고강도 긴축에 의해 대규모 모기지 대출을 보유하고 있던 여러 금융기관이 위기에 빠졌고, 그중 일부는 파산하거나 정부의 구제금융을 받게 되었습니다. 대표적인 예로 리먼 브라더스의 파산은 금융위기의 상징적 사건이 되었습니다. 이 사건은 금융 시스템

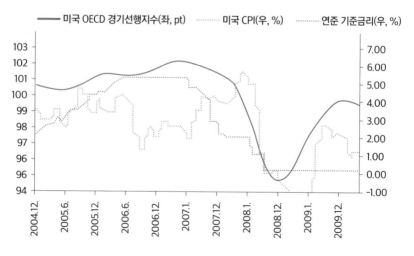

금융위기(2007~9년 약세장, 금융위기)

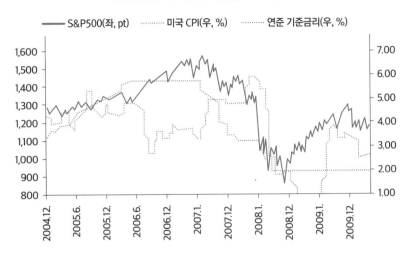

S&P500(약세 기간 17개월, 하락폭 −58%)

── S&P500(좌, pt)   ······ 미국 CPI(우, %)   ······ 연준 기준금리(우, %)

의 취약성을 드러내며 전 세계 경제에 심각한 불확실성을 초래했습니다.

미국 달러 환율 :
다양한 영향 요인의 복잡한 연계

　미국 달러 환율은 경기 사이클의 변화와 깊은 연결을 가지며, 이를 파악하기 위해서는 물가, 실질금리, 경상수지, 그리고 다른 환율과의 복잡한 관계를 이해해야 합니다. 일반적으로 경기 회복 및 확장기에는 달러 환율이 상승하는 경향을 보이고, 반대로 경기후퇴기에는 하락합니다. 그러나 이러한 추세는 인플레이션, 금리정책, 경상수지 흐름, 그리고 특히 연준의 통화정책 변화와 같은 여러 요인의 상호작용에 의해 영향을 받습니다.

연준이 기준금리 인상을 예고하면 흔히 미국 달러의 가치가 상승할 것으로 예상되지만 실제로는 더 복잡한 패턴을 보입니다. 역사적으로 기준금리 인상의 초기 단계에서는 달러 가치가 상승하는 경향이 있지만, 기준금리가 지속적으로 인상되면서 달러 가치는 하락할 수 있습니다. 이는 금리 인상이 미국 경제성장에 부담을 주어 경기둔화와 침체 가능성을 높이기 때문입니다. 그러나 경기침체가 본격화되면 미국 달러는 안전자산으로 여겨져서 급격하게 반등할 수 있습니다. 이는 글로벌 경제의 불확실성이 증가함에 따라 투자자들이 안전한 자산을 찾는 경향 때문입니다.

미국 실질금리의 장단기 스프레드 & 달러인덱스 추이

환율은 장기적인 요인과 단기적인 요인이 모두 작용하는 복잡한 현상이며 예측하기 어렵습니다. 달러 강세와 약세의 국면에서 환율 노출과 환헤지 정책은 중요합니다. 환율 전망을 할 때 1년 뒤(선도) 실질금리의 장단기 스프레드, 즉 장기금리와 단기금리 간의 차이는 환율의 선행지표로서 매우 유용합니다. 이 스프레드는 경제성장률과 밀접한 관련이 있으며, 환율 변동을 예측하는 데 중요한 지표로 작용합니다.

실질금리 장단기 스프레드가 줄어들면 경제성장이 둔화되고 있음을 시사하며, 이는 통상 달러 가치 약세를 나타내는 신호로 해석됩니다. 하지만 경제가 크게 위축되는 경우 달러 가치는 오히려 상승할 수 있습니다. 따라서 이러한 실질금리 스프레드 변화를 통해 환율의 미래 동향을 분석하고 이에 대응하는 것이 중요합니다. 이러한 분석은 환율 노출과 환헤지 전략을 수립하는 데 중요한 역할을 합니다.

달러/원 환율 : 스왑포인트를 알면 환율이 보인다

환헤지 정책은 환율의 방향성 예측이 어려울 때 투자 포트폴리오를 보호하고 안정성을 확보하기 위한 수단으로 사용됩니다. 환헤지는 환율 방향성에 따라 조절되며, 한미 금리 차이와 수급 이슈(달러 유동성)에 따라 변동합니다. 특히 글로벌 금융위기나 코로나19와 같은 위기 상황이 발생하면 달러 유동성이 경색되면서 스왑포인트가 악화됩니다. 이는 외환시장의 급격한 변동(달러/원 환율 상승=원화 약세)도 가져옵니다. 따라서 환율의 갑작스러운 위기의 징조를 선제적으로 판단하기 위해서는 달러 유동성에 따른 스왑포인트 변화, 즉 환헤지 비용이 한미 금리차 역전폭 대비 얼마나 더 악화되는지를 모니터링하는 것이 필요합니다.

향후 미국의 금리 인상 종료 가능성이 나타나면서 환헤지 비용이 개선될 것으로 보이지만, 글로벌 중앙은행의 양적완화 정책 동참으로 개선폭이 제한될 것으로 예상됩니다. 따라서 환율 및 환헤지 비용은 시장 상황과 경제 기본 요인에 따라 계속 변화할 것으로 전망됩니다.

스왑포인트는 FX SWAP과 관련된 용어입니다. 즉 한국금리가 미국금리보다 높기 때문에 현물환율보다 선물환율이 크게 되는데, 여기서 현물환율과 선물환율의 차이가 곧 스왑포인트입니다.

환헤지 비용의 계산은 투자자와 금융 전문가들에게 중요한 도구입니다. 이를 계산하는 간단한 방법 중 하나는 선물환율을 현물환율과 스왑포인트의 합으로 나타내는 것입니다. 스왑포인트의 계산은 '현물환율×(한국 1년 스왑금리 - 미국 1년 스왑금리)×기간/360' 공식을 사용합니다. 예를 들어, 현물환율이 1,300원이고, 한국과 미국의 1년 스왑금리 차이가 3.94%와 5.64%라면 스왑포인트는 -13원이 됩니다. 이를 환헤지 비용으로 환산하면 약 -1.0%(-13원/1,300원×100%)의 비용이 발생합니다.

그러나 실제 환헤지 비용, 즉 FX 스왑레이트Swap Rate는 이론적인

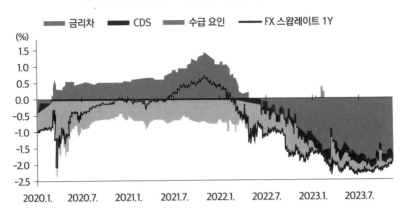

(원화 환산) 환헤지 프리미엄/비용 추이 (1년물 기준)

금리차 ▬ CDS 수급 요인 ▬ FX 스왑레이트 1Y

계산보다 더 복잡합니다. 실제 환헤지 비용은 달러 유동성 수급 요인, 대한민국의 신용도CDS 등 추가적인 요인이 고려되어 종종 더 높은 비용이 발생할 수 있습니다. 예를 들어, 2023년 11월 기준으로 실제 환헤지 비용은 약 -1.52%가 발생하고 있습니다.

환율 변동 리스크를 관리하고 투자 결정을 내리기 위해서는 이러한 계산 방식에 대한 이해가 필수입니다. 양국 간의 금리 차이를 고려하는 것은 기본이며, 시장의 유동성과 신용 위험도 같은 추가적인 요인을 고려하는 것이 현실적인 환헤지 전략을 수립하는 데 매우 중요합니다.

스왑레이트 계산 방식의 일관성은 금융시장에서 중요한 역할을 합니다. 이 계산 방식은 전 세계 모든 통화에 일괄적으로 적용되며, 투자 분석 및 의사결정 과정에서 필수 참고 자료로 사용됩니다.

투자자들은 스왑레이트 계산을 통해 양국 간의 금리 차이와 같은 관련 데이터를 활용하여 잠재적 위험과 수익률을 더 정확하게 평가할 수 있습니다. 이는 외환시장에서의 투자 결정뿐만 아니라 환위험 관리와 관련된 전략적 의사결정을 내리는 데에도 중요한 도구로 활용됩니다. 이를 통해 투자자들은 다양한 경제 환경에서 발생할 수 있는 잠재적 위험을 더욱 효과적으로 관리하고 투자 기회를 포착할 수 있습니다.

금융 리스크 관리 :
미국 경제의 숨은 신호 해석

연준의 긴축정책과
신용여건 악화

　2022년부터 미국 기준금리 인상이 시작되었습니다. 통화정책 외부시차는 중앙은행의 정책 변화와 그 효과가 실제 경제에 나타나기까지의 시간적 차이를 나타냅니다. 이 외부시차는 경제에 대한 중앙은행의 정책 영향을 측정하고 예측하는 데 중요한 역할을 합니다.

　예를 들어, 통화정책 외부시차가 길다면 중앙은행이 금리를 인상하더라도 그 효과가 실제 경제에 나타나기까지 상당한 시간이 걸릴 것입니다. 통화정책 외부시차가 약 1년이라는 점을 감안할 때 2024

년 상반기부터 미국 연방준비제도의 가파른 긴축 효과가 경제에 나타나기 시작할 것으로 예상됩니다.

이는 경기에 부정적인 영향을 미칠 수 있으며, 특히 수요 둔화와 인플레이션 하락을 초래할 가능성이 있습니다. 통화정책 외부시차를 고려할 때 중앙은행은 현재의 금리 인상 정책을 재고해야 할 시점에 다다랐다고 말할 수 있습니다. 금리를 계속 인상하면 경기침체의 위험이 크게 높아지며, 이는 깊은 경기침체로 이어질 수 있습니다.

그러나 현재 인플레이션이 여전히 높은 상황에서 연준이 금리 인상 정책을 중단한다면 중앙은행의 신뢰성 문제가 발생할 가능성이 있습니다. 중앙은행의 역할 중 하나는 물가 안정을 유지하는 것이며, 인플레이션을 통제하지 못한다면 경제 주체의 기대인플레이션을 불안정하게 만들 수 있습니다.

결국 경제가 크게 둔화해도 인플레이션은 여전히 안정되지 않을 수 있으며, 이는 중앙은행의 정책 결정을 어렵게 만드는 요인이 될 수 있습니다. 이러한 통화정책 외부시차와 중앙은행의 신뢰성 사이의 상충관계는 해결하기 어려운 난제 중 하나입니다.

그리고 신용여건 역시 중요한 요소로, 파월 의장은 이것이 연준의 긴축정책과 유사한 영향을 미칠 수 있다고 언급했습니다. 신용여건이 중요한 이유는 상업은행이 기업이나 개인에게 제공하는 대출이 경제 활동에 필수적이기 때문입니다.

신용여건이 나빠질 경우 은행들은 대출을 줄이게 되고, 이는 경제에 부정적인 영향을 끼칩니다. 기업이나 개인이 자금을 조달하기 어려워지면 투자와 소비가 감소하고, 경제성장이 둔화됩니다. 또한 대출 기회의 축소는 기업들이 새로운 프로젝트를 시작하는 것을 어렵게 만들고 고용 상황에도 부정적 영향을 미칩니다.

이와 함께 신용여건의 악화는 금융시장의 불안정성을 증가시키고, 특히 중소형은행에서 예금 유출이나 뱅크런 현상을 초래할 수 있습니다. 이는 경기침체의 전조로 볼 수 있으며, 연준은 이러한 상황에 대응하여 정책을 조절합니다. 신용여건의 변화는 미국 경제와 금융시장에 광범위한 영향을 끼치며, 이는 중앙은행의 정책 결정에서 중요한 고려 사항이 됩니다.

기업 대출태도지수 강화와 하이일드 채권 부도율 상승

신용여건을 측정하는 데 매우 중요한 지표인 미국 은행들의 대출태도지수Bank Lending Standards에 대해서 알아보겠습니다. 미국 은행들의 대출태도지수와 하이일드 채권 부도율은 금융시장의 건전성과 리스크를 측정하는 중요한 지표입니다.

미국 은행들의 대출태도지수는 주로 연준에서 모니터링하고 발표하는 지표 중 하나로 은행들이 대출을 제공할 때 얼마나 엄격하게 대출을 승인하고 대출 조건을 설정하는지를 나타내는 것입니다. 이 지표는 금융시장의 건전성을 파악하는 데 사용됩니다. 기업대출태도

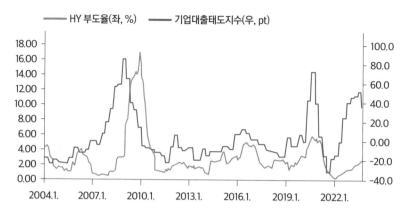

기업 대출태도지수 & 하이일드 부도율

—— HY 부도율(좌, %)　　—— 기업대출태도지수(우, pt)

지수가 낮으면 은행들이 대출 승인 과정을 더 편하게 하고 조건을 더 너그럽게 설정하는 경향이 있으며, 이는 대출량 증가와 더 많은 위험 수용으로 이어집니다. 반대로 대출태도지수가 높으면 은행들이 대출 승인을 보다 까다롭게 하고 조건을 엄격하게 적용하여 위험을 피하려는 성향이 증가하면서 전체 대출 양이 줄어드는 경향이 있습니다.

　미국 은행들의 대출태도지수 강화는 경제 상황과 금융시장의 변동에 따라 은행 대출증가율이 축소될 수 있으며, 이는 하이일드 채권 부도율에 영향을 줍니다. 하이일드 채권 부도율이 상승하기 시작하면 시장이 불안정할 가능성이 있으며 투자자들은 더 높은 부도 리스크를 고려해야 합니다. 이로 인해 스프레드, 즉 하이일드 채권 전반의 금리가 상승할 수 있습니다. 이는 하이일드 시장 전반의 연쇄적인 부도를 유발할 수 있습니다.

거대한 화약고, 하이일드 스프레드 확대의 의미

금융시장의 리세션 리스크를 알려 주는 하나의 시그널을 꼽는다면 하이일드 채권 스프레드OAS, Option-Adjusted Spread를 들 수 있습니다. 하이일드 스프레드는 금융시장에서 매우 중요한 지표 중 하나로 경제와 기업의 건전성에 대한 신호를 제공합니다.

이 개념을 이해하려면 다음 개념을 고려해야 합니다. 하이일드 채권은 국가나 기업이 발행하는 채권 중 국제 신용평가기관Moody's, S&P, Fitch에서 BBB 등급(Baa3 또는 BBB-) 미만의 신용등급을 부여받은 채권으로 '정크본드 또는 투기등급 채권'이라고도 불립니다.

하이일드 채권은 투자등급 채권보다 부도 리스크가 높기 때문에 높은 이자율을 제공합니다. 하지만 이에 따라 투자자에게 더 큰 신용 리스크를 노출시킵니다. 하이일드 채권 스프레드는 미국 국채와 하이일드 채권 간의 수익률 차이를 나타냅니다.

일반적으로 하이일드 채권은 국채에 비해 더 높은 이자율을 제공합니다. 그래서 하이일드 채권 스프레드는 양수의 값으로 표시됩니다. 이 스프레드가 확대되는 것은 하이일드 채권의 수익률이 상승하거나 국채의 수익률이 하락한다는 것을 의미합니다.

하이일드 채권 스프레드가 확대되는 상황에는 다음과 같은 요인들이 영향을 미칩니다. 기업들의 신용 상태가 악화하거나 불확실한 경제 여건에서 기업들의 부도 가능성이 높아질 때 하이일드 채권 스프레드가 확대됩니다. 즉 시장 참가자들은 높은 신용 리스크를 상쇄하기 위해 하이일드 채권에 대한 이자율을 높여야 하기 때문입니다.

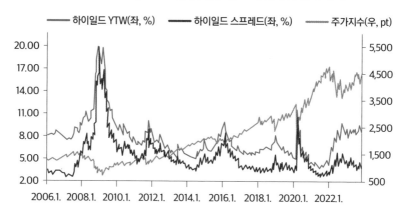

하이일드 스프레드(OAS) / 절대금리(YTW) 및 S&P500 추이

— 하이일드 YTW(좌, %)　　— 하이일드 스프레드(좌, %)　　— 주가지수(우, pt)

그리고 시장 참가자들의 투자심리가 위축되면 안전자산인 국채로 자금을 이동하고 고위험자산인 하이일드 채권을 팔게 됩니다.

　이로 인해 하이일드 채권 스프레드가 증가할 수 있습니다. 하이일드 채권 스프레드는 경기 예측과 금융시장의 건전성을 평가하는 데 중요한 지표로 사용됩니다. 스프레드가 급격히 확대되면 이는 시장 참가자들 사이에 불안감과 위험 회피 심리가 높아지고 있다는 것을 시사합니다. 따라서 하이일드 채권 스프레드는 경제와 금융시장 동향을 이해하고 향후 방향성을 예측하는 데 도움이 되는 중요한 지표 중 하나로 간주됩니다.

긴축의 강도를 판단하는
GS 미국 금융불안지수 인덱스

GS 미국 금융불안지수 인덱스는 골드만삭스에서 개발한 지표입니다. 금융시장의 안정성을 평가하고 투자 결정에 도움을 주는 중요한 지표 중 하나이며, 경제 주체들에게 중요한 정보를 제공합니다.

이 지표는 여러 가지 변수를 고려하여 측정되며 금융시장의 불안정성을 파악하는 데 도움을 줍니다. GS 미국 금융불안지수 인덱스는 100보다 높은 값을 기록할 때 금융불안이 장기적으로 높다는 신호를 보이며, 이는 금융시장에 불안정성이 높아질 수 있다는 것을 의미합니다.

그러나 GS 미국 금융불안지수 인덱스값을 해석할 때 명확한 임계치보다는 이 지표가 과거 금융위기나 IT 버블과 같은 금융 악재 상황에서 어떤 값을 기록했는지를 비교하라고 권고하고 있습니다.

결론적으로 GS 미국 금융불안지수 인덱스는 금융시장의 건전성과 안정성을 판단하는 데 유용한 도구 중 하나로 활용됩니다. GS 미국 금융불안지수 인덱스가 100보다 낮은 값 또는 하락 추세를 지속할 경우 위험자산 투자가 적절한 환경일 수 있습니다.

그러나 GS 미국 금융불안지수 인덱스가 100보다 높은 값 또는 상승 추세를 보인다면 위험자산 비중을 축소하고 안전자산(예를 들어, 장기채권) 비중을 확대하는 것이 중요할 수 있습니다.

이와 더불어 GS 미국 금융불안지수 인덱스는 자산배분Asset Allocation

GS 미국 금융불안지수 및 S&P500 추이

전략에도 활용될 수 있습니다. 지표가 100보다 낮은 값 또는 하락추세를 나타낼 때는 주식시장이나 높은 수익률을 추구하는 자산에 투자하는 것이 적절할 수 있습니다.

그러나 GS 미국 금융불안지수 인덱스가 100보다 높은 값을 기록하거나 상승 추세를 보일 때는 보수적인 자산으로의 투자를 고려하는 것이 현명할 수 있습니다. GS 미국 금융불안지수 인덱스는 금융시장의 안정성을 평가하고 투자 결정에 도움을 주는 중요한 지표 중 하나이며, 경제 주체들에게 중요한 정보를 제공합니다.

경기침체의 바로미터, 장단기 금리차 역전, 그리고 확대의 의미

경기침체 예측에서 자주 언급되는 핵심 지표 중 하나는 장단기 금리차의 역전입니다. 이 지표는 미국 경제의 주요 바로미터로 간주되며, 경제의 향방을 가늠하는 중요한 신호로 여겨집니다. 장단기 금리차 역전 현상은 경제 주체들 사이에서 다양한 해석과 논쟁을 불러일으킵니다. 일부는 '이번에는 예외'라고 주장하는 반면, 다른 일부는 '과거와 같은 패턴을 따를 것'이라고 주장합니다. 장단기 금리차는 10년물 국채금리(장기금리)와 2년물 또는 3개월물 국채금리(단기금리) 간의 차이로 정의되며, 경제 및 금융시장에 미치는 영향에 대한 분석은 많은 연구에서 논의되고 있습니다.

미국의 장단기 금리차는 경기침체를 예측하는 중요한 지표로 여겨져 왔으며, 특히 장단기 금리차가 역전되는 경우, 이후 경기침체가 발생하는 경향이 있었습니다. 경기의 흐름을 정확히 예측하는 것은 어렵지만 장단기 금리차의 역전을 주의 깊게 관찰하고 다양한 경제지표와 함께 분석한다면, 투자자들은 보다 신중하고 타이밍을 맞춘 결정을 내릴 수 있습니다. 장단기 금리차의 역전은 경기침체의 중요한 신호로 간주되지만, 단독으로 사용하기보다는 다양한 경제지표와 함께 종합적으로 고려하는 것이 바람직합니다.

특히 장단기 금리차의 역전이 발생한 후 연준이 기준금리를 인하하기 시작하는 경우, 이는 경제의 침체로 이어질 수 있는 중요한 사전 경고 신호로 해석됩니다. 이후 장단기 금리차의 확대, 즉 스티프닝이 관찰되는 경우는 경기 부진의 더욱 확실한 예측 지표로 작용할 수 있습니다. 따라서 연준의 기준금리 인하와 장단기 금리차의 동향을 면밀히 관찰하며 경기침체의 징후를 포착하는 것이 중요합니다.

장단기 스프레드 역전에도
경기침체가 늦어지는 이유

과거 장단기 스프레드 역전이 발생하면 실업률은 대체로 1년 이상 횡보 내지는 하락하는 모습을 보였으나, 결국 실업률 상승과 침체국

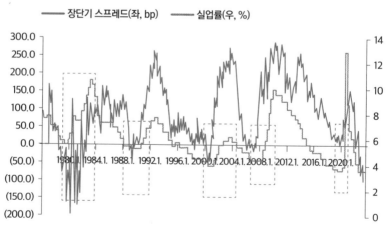

과거 미국 장단기 스프레드 역전 & 실업률 급등 시기

※ 자료 : 2023년 7월 달란트투자 발표 자료

면으로 이어졌습니다. 물론 장단기 스프레드 역전 이후 가장 빨리 침체가 찾아온 2000년 닷컴버블 사례도 실업률이 실질적으로 상승하는 데 대략 1년이 걸린 점을 볼 때 앞으로가 더욱 중요합니다. 다만 현재의 긴축 사이클에서는 2022년 7월에 장단기 스프레드가 역전되었음에도 불구하고 1년이 지났음에도 경기침체의 명확한 징후가 크게 나타나지 않고 있는데, 이 현상은 특별한 주목을 받고 있습니다.

장단기 스프레드 모델 창시자 캠벨 하비Campbell Harvey는 미국 수익률 곡선이 역전되었을 당시 경기침체가 오지 않을 수 있다고 언급했습니다. 근거로는 이미 수익률 곡선 역전에 경제 주체들(은행, 기업, 가계 등)이 대비하여 실물경제로 파급 효과가 늦어지고 있다는 점과 여전히 미국 실질금리(명목금리에서 인플레이션을 조정한 금리) 수익률 곡선은 역전되지 않은 점을 언급했습니다. 그런데 2023년 7월 이후 실질금리 장단기 스프레드도 대폭 축소된 상황입니다.

통화정책 외부시차를 고려할 때 2024년에는 연준의 가파른 긴축 효과가 경제에 나타나기 시작할 것으로 예상됩니다. 이는 경기에 부정적인 영향을 미칠 수 있으며, 특히 수요 둔화와 인플레이션 하락을 초래할 가능성이 있습니다.

통화정책 외부시차 고려 시 중앙은행은 현재의 금리 인상 정책을 재고해야 할 시점에 다다랐다고 말할 수 있습니다. 금리를 계속 인상하면 경기침체의 위험이 커지며, 이는 깊은 경기침체로 이어질 수 있습니다.

그러나 인플레이션이 여전히 높은 상황에서 연준이 금리 인상 정책을 중단한다면 중앙은행의 신뢰성 문제가 발생할 가능성이 있습니다. 중앙은행은 물가 안정을 유지하는 역할을 하며, 인플레이션을 통제하지 못한다면 경제 주체의 기대인플레이션을 불안정하게 만들 수 있습니다.

결국 경제가 크게 둔화해도 인플레이션은 여전히 안정되지 않을 수 있으며, 이는 중앙은행의 정책 결정을 어렵게 만드는 요인이 될 수 있습니다. 이러한 통화정책 외부시차와 중앙은행의 신뢰성 사이의 상충관계는 해결하기 어려운 난제 중 하나이므로 투자자들은 위의 경기침체 지표들을 적극 모니터링하면서 시장을 분석해 나가는 태도가 필요합니다.

금리의 발작지표, MOVE 인덱스

금리 MOVE 인덱스Merrill Option Volatility Estimate Index에 대해서도 알아보겠습니다. 금리 MOVE 인덱스는 금융시장에서 사용되는 지표 중 하나로 미국 국채시장의 변동성을 나타냅니다. 이 인덱스는 미국 국채의 금리 변동성을 추정하고, 이러한 변동성이 금융시장에 어떠한 영향을 미칠 수 있는지를 파악하는 데 도움을 줍니다. 금리 MOVE 인덱스의 특징은 다음과 같습니다.

MOVE 인덱스는 미국 국채금리 변동성을 측정하는 데 사용됩니다. 이 인덱스는 미국 국채(특히 10년물 국채)의 금리 변동성을 중점적으로 추정합니다. 미국 국채는 금융시장에서 중요한 안전자산으로 간주되며, 그 금리 변동성은 금융시장의 안정성에 영향을 미칠 수 있습니다.

보통 MOVE 인덱스가 상승하면 미국 국채금리의 예상 변동성이 증가한 것을 나타내며, 이는 금리가 상승하거나 하락할 가능성이 높아졌음을 시사합니다. 다시 말해, MOVE 인덱스가 높아지면 기준금리가 빠르게 인상되는 상황에서도 금리의 변동성이 확대되며, 반대로 기준금리가 빠르게 인하되는 시기에도 금리의 변동성이 커질 수 있습니다.

장기금리 움직임 및 금리변동성(MOVE INDEX) 추이

―― 연준 기준금리 상단(좌, %)   ―― 미국 10년물(좌, %)
―― BofA MOVE 변동성(우, pt)

※ 자료 : 2023년 3월 삼프로 발표 자료

페드 인사이트

특히 기준금리 인상이 완료된 이후에도 MOVE 인덱스가 급등한 다면, 이는 채권시장의 유동성 문제가 커지고 있다는 신호로 해석될 수 있으며, 긴축 사이클이 점차 끝나 가고 있다는 시사점을 제공합니다. 이런 이유로 MOVE 인덱스는 시장 참여자들에게 금리 동향을 파악하고 예측하는 데 유용한 지표로 활용됩니다.

정리하면, 금리 MOVE 인덱스는 미국 국채금리 변동성을 추정하여 금융시장의 안정성과 투자자들의 예상을 파악하는 데 사용되는 중요한 지표 중 하나입니다. 이는 금융시장에서 금리 관련 리스크를 평가하고 관리하는 데 도움을 주며, 투자 전략과 리스크 관리에 활용됩니다.

경기침체 예측의 핵심 도구, 실업률 스프레드 '샴의 법칙'

실업률 지표를 정량화시킨 '샴의 법칙Sahm Rule'에 대해 알아보겠습니다. 경기침체를 예측하기 위한 중요한 지표 중 하나로 경제학자 클라우디아 샴Claudia Sahm이 개발한 것입니다.

이 법칙에 따르면 경기침체를 예측하는 핵심 지표는 실업률 3개월 이동평균과 최근 12개월 실업률 최저점을 비교한 것입니다. 만약 실업률 3개월 이동평균이 최근 12개월 실업률 최저점보다 0.5% 이상 높다면, 이는 경기침체가 매우 가까워졌음을 나타내는 중요한 신호

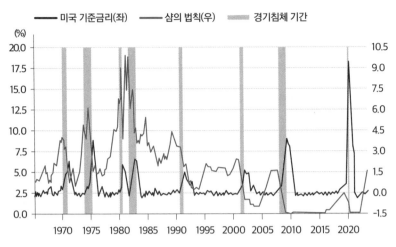

샴의 법칙(=실업률 스프레드) & 기준금리 추이

―― 미국 기준금리(좌) ―― 샴의 법칙(우) ▨ 경기침체 기간

※ 출처 : 연준 FRED

로 간주됩니다.

이러한 샴의 법칙은 미국 경기침체를 예측하는 데 탁월한 예측 능력을 가지고 있습니다. 이 지표는 경제 전망을 평가하고 경기침체의 조기 신호를 제공하는 데 큰 도움을 줍니다.

해당 지표는 아직까지 경기침체의 징후를 나타내지는 않습니다. 그러나 이 지표가 0 또는 양(+)의 값을 기록하면서 0.5%에 근접한다면 경기침체에 대한 경계심을 높여야 할 시점이 될 것입니다.

하지만 2023년 11월 인터뷰에서 샴은 자신의 법칙이 충족되더라도 경기침체가 발생하지 않을 수 있다고 주장했습니다. 그녀는 기존에 노동시장에 참여하지 않았던 사람들의 유입이 증가하여 실업률

페드 인사이트

이 일시적으로 상승할 수 있는데, 이러한 경우에는 샴의 법칙이 충족되더라도 경기침체가 발생하지 않을 수 있다고 언급했습니다. 즉 경제 활동 참가율이 상승하면서 실업률이 일시적으로 높아진다면, 이는 오히려 경제성장에 긍정적인 영향을 미칠 수 있으므로, 이러한 상황은 샴의 법칙 계산에서 착시 효과로 간주되어야 한다고 설명했습니다.

샴의 법칙은 경제학과 금융시장에서 중요한 도구로 사용되며, 경기 전망과 관련된 의사결정에 중요한 영향을 미칩니다. 이를 통해 경제주체들은 경기침체의 잠재적인 위험을 조기에 파악하고 대비할 수 있습니다. 다만 샴의 법칙이 경기침체를 예측하는 데 때때로 오해를 불러일으킬 수 있기 때문에 경제의 다른 여러 요소와 변수를 함께 고려하는 것이 중요합니다. 이러한 다양한 경제지표를 종합적으로 분석하고 검토함으로써 경기침체에 대한 예측의 정밀도를 향상시킬 수 있습니다.

FED INSIGHT

유동성의 숨은 힘 : 자산시장을 뒤흔드는 마법 같은 상승동력

연준은 통화정책과 금융 시스템 안정성을 유지하기 위해 다양한 도구를 활용하여 유동성을 조절하고 금융시장의 안정성을 보장하며 경제의 건전한 성장을 지원합니다. 그러나 연준의 금리정책 외에도 미국 부채한도, 재무부의 현금잔고Treasury General Account, TGA, 그리고 역레포Reverse Repurchase Agreement, RRP 자금의 움직임은 시중의 유동성에 다양한 영향을 미칠 수 있습니다.

만약 부채한도 협상이 실패하고 미국 정부가 디폴트 가능성과 위험자산의 조정을 피할 수 없다는 전망이 나오면 시장 참여자들은 큰 불안을 느낄 것입니다. 그러나 정치적 논쟁으로 인해 부채한도 증액 합의가 이루어지기 전까지 재무부의 현금잔고, 즉 TGA에서 자금 방출이 계속되면 의외로 시중의 유동성이 증가할 수 있습니다. 이로 인해 시장 참여자들의 예상과는 정반대의 결과가 나올 수 있습니다.

요컨대, 부채한도 협상의 실패로 인한 미국 정부의 재정 불안정성은 시장에 불안을 조성할 수 있으나, TGA의 자금 방출은 시중의 유동성을 증가시킬 수 있습니다. 이러한 상황에서는 예상치 못한 시장 변동성이 발생할 가능성이 있으므로 시장 참여자들은 더욱 주의를 기울여야 할 것입니다.

그러나 만약 부채 한도 협상이 실패하고 재무부가 향후 국채 발행 계획을 줄이게 된다면, 이는 시장에 긍정적인 영향을 미치지 않을 수 있습니다. 부채 한도 협상의 실패는 국채를 통한 정부의 차입 가능성을 낮추게 되며, 이로 인해 재무부가 만기가 1년 이하인 재정증권, 즉 국채T-bill의 발행을 줄일 수 있습니다. 이는 국채 발행 감소로 이어지며, 시장에 미치는 영향은 예상과 다를 수 있습니다.

단기국채의 금리가 하락하면 단기자금시장(머니마켓)에서는 국채 투자의 유인이 감소할 수 있으며, 이러한 자금이 단기국채(통상 만기 1~3개월) 대비 고금리를 지급하는 연준의 역레포RRP로 유입될 가능성이 높아집니다. 이는 은행 시스템의 지급준비금reserve 감소를 의미합니다.

다시 말해, 재무부의 재정증권 발행 축소로 인해 연준의 역레포가 증가하고, 은행 시스템의 지급준비금이 감소하는 상황이 발생할 수 있습니다. 이러한 상황은 금융 시스템에 영향을 미칠 수 있으며 시장 참여자들은 이러한 요소들을 주시해야 할 것입니다.

결국 시장에 같은 이슈가 발생하더라도 결과는 상반되게 나올 수 있습니다. 이러한 결정은 여러 가지 복잡한 요소에 의해 영향을 받고, 예측하기 어려운 상황이 발생할 수 있습니다. 유동성에 대한 해석은 정답이 없습니다. 일부 학자들은 유동성과 자산시장의 흐름은 연관성이 없다고 하지만, 그동안 유동성과 자산시장의 역사를 보면 떼려야 뗄 수 없는 관계라는 것을 확인할 수 있었습니다. 특히 연준의 유동성은 자산시장의 방향성에 결정적인 요인이었습니다.

이 장에서는 이들 사이의 상호관계를 이해함으로써 금융시장의 유동성 변동, 단기자금시장에서의 위험 지표, 그리고 연준의 미래 정책 방향에 대한 단서를 포착하는 방법에 대해 알아보겠습니다.

연준의 대차대조표 분석 :
연준의 유동성 관리계정 이해

연준의 대차대조표 :
미국 경제 건강 상태를 파악하는 중요한 지표

연방준비제도의 대차대조표는 중앙은행과 은행들의 재무 상태를 주간 기준으로 보여 주는 중요한 경제지표입니다. 대차대조표는 연준이 주간으로 발표하는 재무보고서로, 연준의 자산과 부채를 보여 줍니다. 이 표는 미국 경제와 재무 시스템의 건강 상태를 추적하는데 사용됩니다.

총자산Total Asset은 연준의 총자산 규모를 나타내는 항목입니다. 이 항목은 연준이 보유한 모든 자산의 가치를 합산한 것으로 현금, 증권

2022년 말 기준 연준 대차대조표

(단위 : 10억 달러)

자산	2022년 말	부채	2022년 말
총자산	8,601	현금통화	2,307
국채	5,500	TGA	410
모기지채(MBS)	2,641	RRP	2,627
연준대출(BTFP)	16	지준	2,980
기타자산	444	기타부채 & 자본금 277	

※ 총자산의 차변 대변을 맞추기 위한 (차변) 기타자산 / (대변) 기타부채와 자본금이 있음

(정부 채권, 기타 금융 자산), 대출 및 유동성 조치 등이 포함됩니다.

　연준의 대차대조표는 총자산과 총부채 및 자본으로 구성되어 있습니다. 이 대차대조표를 살펴보면 총자산과 총부채 규모가 거의 유사하며, 자본금의 비중은 상대적으로 매우 작음을 알 수 있습니다. 연준의 부채계정은 주로 4가지 주요 계정으로 구분됩니다. 현금통화, 역레포$_{RRP}$(역환매조건부채권), 재무부 현금잔고$_{TGA}$, 그리고 지급준비금입니다. 이외에도 기타 부채가 존재하지만, 이는 전체 부채에 비해 규모가 작습니다.

연준의 부채 계정 :
유동성과 금융시장 영향을 파악하는 통찰

연방준비제도는 유동성 창구를 통해 물가 안정과 경제의 안정성을 유지하는 중요한 역할을 합니다. 이를 이해하기 위해서는 연준의 부채 계정에 주목해야 합니다. 부채 계정을 자세히 살펴보면 연준이 어떻게 자금을 관리하고 유동성을 조절하는지 이해할 수 있습니다.

헤지펀드 업계의 거장 스탠리 드러켄밀러는 '내 투자 결정에서 가장 중요한 것은 기업의 수익성이나 정치적 상황이 아니라 유동성'이라고 강조했습니다. 이는 유동성 분석이 투자에서 매우 중요하다는 것을 나타냅니다.

가령 대차대조표가 확대될 때 시중 유동성이 증가할 것으로 보이지만, 실질적인 순 유동성을 파악하려면 대차대조표 총자산에서 역

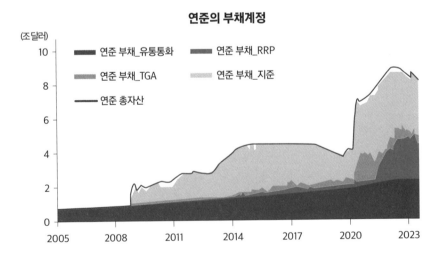

연준의 부채계정

레포RRP와 재무부 현금잔고TGA를 차감한 금액을 고려해야 합니다. 때로는 총자산이 증가하더라도 순 유동성이 감소할 수 있으며, 연준의 총자산이 감소해도 시중 순 유동성이 증가할 수 있습니다. 순 유동성의 변화는 주식시장에 큰 영향을 미치므로 투자자들은 이러한 동향을 면밀히 관찰하고 투자 전략을 조정하는 데 주의를 기울여야 합니다.

총요소, 기타적립잔액, 흡수예비자금 : 연준의 재정 전략

이 계정은 연방준비은행의 총자산 중에서 '지급준비금을 제외한 나머지 자산의 전체 합계'를 나타냅니다. 연준이 경제 상황 및 통화정책 목표를 달성하기 위해 시중 은행들에게 돈을 대여하거나 금융시장을 안정시키는 데 사용되며, 연준의 재무 활동과 통화정책 실행에 중요한 역할을 합니다.

이것은 연준이 금융 시스템을 감독하고 통제하며, 금리 조절 및 통화 공급량을 조절하여 경제 안정을 유지하고 물가와 고용을 조절하는 도구로 사용하는 것을 의미합니다. 총요소, 기타적립잔액, 흡수예비자금Total Factors, Other Reserve Balance, Absorbing Reserve Funds은 다음 3가지 계정으로 세분화됩니다.

현금통화 : 소비자와 기업의 일상 거래를 위한 물리적 화폐의 총량

시장에 유통되고 있는 현금통화currency in circulation는 일반적으로 현금이라고 알려진 물리적인 화폐의 총액을 나타내는 경제지표입니다. 이것은 통화 중에서도 소비자와 기업이 일상적인 거래에서 사용하는 현금의 총액을 가리킵니다. 현금통화의 경우 잔액 변동성이 크지 않습니다.

역레포 : 연준의 유동성 관리 및 통화정책 조절을 위한 중요한 금융 거래 방식

역레포Reverse Repurchase Agreements, RRP는 연준이 시장에서 자금을 효과적으로 관리하기 위해 다른 금융기관과 체결하는 계약을 나타냅니다. 역레포 계약은 연준이 다른 기관으로부터 돈을 빌리는 것으로 시중 은행들의 자금 공급을 일시적으로 줄이는 역할을 합니다.

역레포는 중앙은행이 유동성을 효과적으로 관리하고 통화정책을 조절하기 위해 사용하는 금융 거래 방식입니다. 중앙은행은 자산을 판매하고 나중에 다시 구매하는 약정을 통해 자금을 얻고 역레포 금리를 조절하여 금융시장과 금리에 영향을 미칩니다.

이를 통해 금융 시스템의 안정성과 통화정책의 효율성을 유지하고자 합니다. 중앙은행은 역레포 거래를 통해 시중의 유동성을 효과적으로 관리할 수 있습니다. 자산을 판매함으로써 자금을 조달하고 나중에 자산을 다시 구매하여 자금을 되찾을 수 있습니다. 이를 통해 중앙은행은 시장에서 유동성을 늘리거나 축소함으로써 통화정책을 조절할 수 있습니다.

미국 재무부 현금계좌 : 정부 재정 활동의 중심, 예산 및 부채 관리의 핵심

재무부 현금계좌Treasury General Account, TGA는 미국 재무부의 통장으로 정부의 수입과 지출이 처리되는 곳입니다. 미국 정부가 돈을 사용하거나 수입을 받을 때 이 계좌를 이용합니다.

TGA는 미국 정부의 재정 활동을 관리하고 추적하는 주요 재정 계좌로 정부의 예산 수입 및 지출을 조절하며 부채한도를 관리하는 데 중요한 역할을 합니다. 이 계좌는 미국의 재정 시스템과 경제에 큰 영향을 미치는 중요한 재정 도구 중 하나입니다. TGA는 미국 재무부에 의해 운영되며 정부 예산 수입 및 지출을 효율적으로 추적하고 관리하는 데 중요한 역할을 합니다.

이 계좌에 입금된 자금은 정부지출 및 지불, 공공 서비스 제공, 국채 이자 지불, 군비 및 사회보장지급 등에 사용됩니다. TGA는 미국 재무부와 연방준비은행Federal Reserve과 밀접한 관련이 있습니다. 정부 수입 및 지출을 조절하기 위해 TGA의 잔고를 조절하고, 필요한 경우 국채 발행이나 예산 조정을 통해 재무적 균형을 유지합니다.

미국의 부채한도는 국가가 국내총생산GDP 대비 얼마나 많은 부채를 발행할 수 있는지를 규제하는 한도입니다. TGA 잔고는 이러한 부채한도에 영향을 미치며, 재무부가 국채 발행을 통해 자금을 조달하거나 지출을 조절하여 부채한도를 준수하도록 관리합니다.

지급준비금 : 은행들의 연준 예치금과 금융 시스템 안정의 중심

지급준비금Reserve Balances with Federal Reserve Banks은 시중 은행들이 연준에 보유한 예치금을 나타냅니다. 은행들은 이 자금을 중앙은행에 보유하고 필요할 때 대출을 받거나 기타 금융 거래에 활용합니다.

지급준비금은 연준의 통화정책과 금융 시스템 안정을 유지하는 데 중요한 역할을 하는 자산으로 금융시장과 경제의 움직임을 조절하는 주요 도구 중 하나입니다. 지급준비금은 금융 시스템의 안정을 유지하는 데 중요합니다.

금융위기나 금융시장의 불안한 상황에서 은행들은 예금자의 인출 요구에 대비하기 위해 지급준비금을 보유합니다. 이를 통해 은행들은 현금 흐름을 관리하고 유동성 경색 상황을 피할 수 있습니다.

가령 법정 지급준비율이 5%라면 다음과 같이 작용합니다. 예금이 100달러 입금되면 중앙은행에 5달러를 예금하여 보유하고 나머지 95달러는 대출 또는 투자에 활용합니다. 이는 은행이 95달러의 신용을 창출할 수 있음을 의미합니다.

지급준비금이 높다는 것은 은행의 신용 창출 능력이 높다는 뜻입니다. 이는 시중 유동성이 충분하다는 신호를 보여 줍니다. 따라서 지급준비제도는 금융 시스템의 안정성을 유지하고 경제의 안정성을 확보하기 위한 중요한 안전장치 중 하나로 간주됩니다.

그러나 코로나19 팬데믹 이후 미국의 법정 지급준비율은 0%로 낮아졌음에도 불구하고 지급준비금이 크게 늘어났습니다. 이 현상에는 2가지 주요 이유가 있습니다.

첫째 이유는 은행이 고객들로부터 더 많은 예금을 유치하고, 고객을 확보하기 위해 은행의 신용도를 높이는 데 있습니다. 지급준비금을 적정 수준으로 유지하는 은행은 더 많은 예금을 유치할 수 있습니다. 이는 현금흐름을 개선시키며, 은행채를 발행할 때 상대적으로 낮은 금리로 자금을 조달할 수 있습니다. 또한 대출 고객들도 안정적인 은행을 선호하게 됩니다. 결국 적정 수준의 지급준비금은 은행의 비즈니스에 매우 중요한 역할을 합니다.

둘째 이유는 금리 인상으로 인해 기준금리가 빠르게 상승하고, 결과적으로 지준 이자율이 높아졌기 때문입니다. 팬데믹 이후 시행된 양적완화 조치는 역사상 유례없는 규모로 전개되었습니다. 이로 인해 은행에 수용할 수 없는 수준의 자금이 몰려들었습니다. 이전에는 이 자금을 중앙은행의 지준으로 예치하면 은행은 기준금리에 조금 못 미치는 이자를 받아 매력적이지 않았습니다. 하지만 연준이 2022년 3월부터 기준금리를 올리기 시작하면서 이자율이 상승하게 되었고, 초저금리로 조달한 예금자금을 지준으로만 예치하더라도 유리한 상황이 되었습니다.

지급준비금의 확대와 유지는 금융 시스템의 유동성을 촉진하고, 금융위기 시에는 충분한 대응 조치를 취할 수 있는 재정적 여력을 확보하는 데에도 도움이 됩니다. 또한 적정한 지급준비금은 금융기관들이 안정적으로 운영되며 예기치 않은 충격에 대응할 수 있는 강력한 재무적 쿠션을 제공합니다. 따라서 금융 시스템의 안전성과 안정성을 유지하기 위해서는 지급준비금을 적절히 관리하고 유지하는 것이 필수입니다.

금융 안정을 위한
연준의 다양한 수단 :
연준의 유동성 조절 장치와 효과 분석

유동성 조절을 위한
연준의 다양한 수단

미국 연방준비제도는 미국의 중앙은행으로서 국제결제은행Bank for International Settlements, BIS과 함께 글로벌 경제의 중심적인 역할을 수행하는 기관 중 하나입니다. 연준은 미국의 통화정책을 관리하고 경제의 안정성을 유지하기 위한 주요 조직 중 하나로 그 역할과 기능은 국내뿐만 아니라 국제적으로도 큰 영향을 미치고 있습니다.

연준은 주로 통화 공급과 수요를 조절하고 금리 수준을 조절하여 경제의 안정성을 유지하려는 목표를 가지고 있습니다. 이를 위해 다양한 정책 도구와 메커니즘을 활용하고 있습니다.

연준은 연방기금금리Federal Funds Rate와 유동성 조절을 통해 실효연방기금금리Effective Federal Funds Rate, EFFR를 관리하고 경제의 금융 조건을 변화시킵니다. 또한 할인율discount rate과 초과지급준비금리Interest on Reserves, IOER를 통해 은행들의 대출 및 예금 활동에 영향을 줍니다.

연준은 정부 증권을 시중에서 매입하거나 판매하여 시중자금 공급을 조절합니다. 정부 증권 매입은 시중자금을 늘려 금리를 하락시키고, 판매는 시중자금을 축소시켜 금리를 상승시킵니다.

연준은 은행이 예금을 보유할 때 지급준비금을 설정하고 조절합니다. 이를 통해 은행들의 여분 자금을 제한하거나 늘려 시중 유동성을 관리합니다.

연준의 주요 목표 중 하나는 물가 안정성을 유지하는 것입니다. 과도한 인플레이션 또는 디플레이션은 경제에 부정적인 영향을 미칠 수 있으므로 연준은 물가를 목표 수준에 가깝게 유지하려고 노력합니다. 또한 연준은 고용 증가와 실업률 감소를 지원하는 역할을 합니다. 금리 조절과 금융시장의 안정성 유지를 통해 기업들이 투자를 촉진하고 고용을 확대할 수 있도록 돕습니다.

연준은 경기침체나 금융위기와 같은 위기 상황에서는 확장적인 통화정책을 통해 경제를 지원하고, 경기과열이 우려될 때는 긴축적인 통화정책을 시행하여 경제의 안정을 도모합니다.

요약하면, 연준은 미국 경제의 안정과 성장을 유지하기 위해 다양한 정책 도구를 사용하며, 이러한 정책은 국내를 비롯하여 국제적으로 큰 영향을 미치고 있습니다. 미국의 중앙은행으로서의 역할과 글로벌 경제에 미치는 영향은 중요하며, 이를 통해 금융 시스템과 경제의 안정성을 유지하려는 노력이 지속되고 있습니다.

···· 다양한 연준의 유동성 조절장치 ····

1. 연방기금목표금리(Federal Funds Rate, FFR) : 중앙은행이 설정하는 기준금리의 목표치

- **실효연방기금금리(Effective Federal Funds Rate, EFFR) :** 일일 대출에서 발생하는 금리, 초과 예치금을 보유한 은행이 다른 은행에 빌려줄 때의 금리. 연준은 EFFR를 조절하여 통화정책 목표를 달성하려고 한다.
- **초과지급준비금리(Interest on Excess Reserves, IOER) :** 중앙은행이 상업은행에게 법정 최소 예치액을 초과하여 보유한 예금에 대해 주는 이자율. 연준은 IOER를 통해 금융 시스템의 유동성을 조절한다.
- **할인율(Discount Rate) :** 연준이 은행들에 대출할 때 적용하는 금리. 연준이 할인율을 인상하면 은행들이 연준으로부터 대출받는 비용이 높아져 시중자금이 축소된다.

2. 지급준비금

상업은행이 중앙은행에 보유하는 총 예금. 이는 필수적으로 보유해야 할 금액(법정지급준비금)과 그 이상의 금액(초과지급준비금)으로 나눌 수 있다.

- **법정지급준비금 :** 상업은행이 법적 규정에 따라 중앙은행에 보유해야 하는 최소한의 예금
- **초과지급준비금 :** 법정 최소한도를 넘는 상업은행의 예금

3. 역레포

중앙은행이 국채를 담보로 상업은행에 현금을 빌리는 창구

- 레포 : 상업은행이 국채를 담보로 중앙은행에 현금을 빌리는 창구

4. 양적긴축(Quantitative Tightening, QT)

중앙은행이 보유한 자산의 매도나 재투자를 중단하여 시장 유동성을 줄이는 정책

- 양적완화(Quantitative Easing, QE) : 중앙은행이 국채 또는 기타자산 매입 등을 통해 시장에 유동성을 공급하는 정책

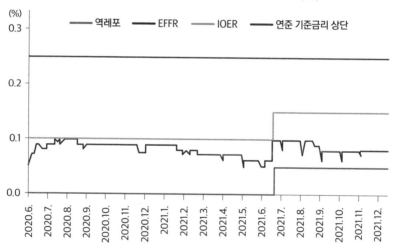

제로금리 시기 : 연준의 유동성 조절 장치(금리) 추이

연준의 유동성 조절장치 1 : 기준금리

연준의 기준금리 정책은 마치 경제의 조절된 심장박동과 같은 역할을 합니다. 이 정책은 미국 경제의 속도와 방향을 결정하며, 이는

일상적인 소비와 투자 활동에 직접적인 영향을 미칩니다.

연준은 기준금리를 조절함으로써 경제의 속도를 조절하는 핵심 수단입니다. 기준금리를 상향 조절하면 대출과 투자비용이 증가하여 경제 활동이 둔화될 가능성이 높습니다. 반대로 기준금리를 낮추면 대출과 투자가 촉진되어 경제 활동이 확대될 수 있습니다.

기준금리는 미국 경제의 현재 상황과 미래 전망을 반영하여 단기 금리를 제어하는 주요한 도구 중 하나입니다. 연준은 이를 사용하여 미국의 통화정책을 관리하고 금융시장을 안정화합니다. 이러한 기준금리 조정은 미국 경제의 안정성과 성장을 지원하기 위해 중요한 역할을 합니다.

연준은 기준금리를 25bp(0.25%) 밴드 형태로 설정합니다. 이러한 밴드 형태의 정책은 그린스펀이 처음 제안한 것이지만 실제로는 금융위기가 발생한 2008년 12월 FOMC에서 지급준비금에 이자를 주기 위해서(마이너스 금리 방지) 처음으로 범위를 설정했습니다.

기준금리의 상하단 범위를 설정함으로써 연준은 경제의 불확실성으로 인해 정확한 금리 예측이 어려울 때에도 유연하게 조절할 수 있습니다. 또한 금리의 급격한 상승이나 하락을 방지하여 금융시장의 안정성을 유지하고 금융기관들의 수익성을 보호할 수 있습니다.

그 다음으로, 지역별 연방은행들은 정해진 범위 내에서 기준 금리를 결정할 수 있는 권한을 부여받게 됩니다. 이는 지역 경제 상황을 고려하여 금리를 조절하는 데 도움을 줍니다. 또한 연준은 이를 통해 경제 주체들에게 투명성을 제공하고 향후 금리 동향을 예측할 수 있도록 합니다.

실효연방기금금리(EFFR) : 연준의 금리 조정 메커니즘

실효연방기금금리Effective Federal Funds Rate, EFFR는 초과 예치금을 가진 은행들이 다른 은행에 돈을 빌려줄 때 사용되는 금리로 은행 간의 일일 단기 대출에 대한 평균 금리를 의미합니다. 이 금리는 미국 연방준비제도가 경제에 영향을 주기 위해 조정하는 주요한 수단 중 하나로 은행 시스템 내에서의 유동성과 전반적인 경제 상황을 반영하는 중요한 지표입니다.

연준은 통화정책 회의에서 EFFR 목표치를 결정하고, 이를 통해 시장에서 발생하는 금리를 조절합니다. EFFR는 연준이 단기금리를 조절하는 데 사용되는 중요한 도구 중 하나입니다. 만약 실효연방기금금리가 연준의 목표 금리 범위 밖으로 움직인다면 연준은 레포와 역레포 시장에서의 작동을 통해 이를 제어하려 할 것입니다.

연준 기준금리 밴드 하단 아래로 하락하는 경우 연준은 시장에서 단기자금을 흡수하여 이를 줄이려 할 것입니다. 이는 연준이 상업은행에 잠시 돈을 빌려 단기자금을 줄이는 것과 같습니다. 이로 인해 은행 간 단기 대출 수요가 증가하고 실효연방기금금리가 상승합니다.

연준 기준금리 밴드 상단 위로 상승하는 경우 연준은 시장에 단기자금을 공급하여 이를 증가시키려 할 것입니다. 이는 연준이 상업은행에 잠시 돈을 빌려주는 것과 같습니다. 이로 인해 은행 간 단기 대출 수요가 감소하고 실효연방기금금리가 하락합니다. 이렇게 연준은 기준금리 정책을 통해 경제의 안정화와 성장을 지원하며 통화 가치와 인플레이션을 제어합니다.

초과지급준비금리(IOER) : 연준의 양적완화와 인플레이션 방지 전략

연준이 양적완화를 시행함과 동시에 초과지급준비금리Interest On Excess Reserve, IOER를 도입한 이유는 시중에 급격하게 자금이 공급되는 것을 제어하기 위해서였습니다. 양적완화는 중앙은행이 상업은행이 보유한 국채를 매입하여 상업은행에 현금을 제공하는 정책입니다. 양적완화를 하게 되면 시중은행들이 대출이나 투자로 현금을 쏟아부으면서 인플레이션과 자산 버블이 발생할 우려가 있습니다.

이를 방지하기 위해 연준은 초과지급준비금제도를 도입했습니다. 이 제도를 통해 시중은행들은 중앙은행에 법정지급준비금 이상의 자금을 보관하면 이에 대한 이자를 받게 됩니다. 따라서 시중은행들은 중앙은행에 자금을 예치하고, 그로 인해 급격한 자금 공급이 억제되며 인플레이션과 자산버블의 위험이 감소합니다.

다만 2021년 7월부터 연준은 지급준비금과 초과지급준비금에 대한 이자를 새로운 방식으로 관리하기 시작했습니다. 이전에는 별개의 금리로 관리하던 것을 이제는 단일지급준비금리IORB로 통합하여 운영하고 있습니다. 현재 IORB 금리는 기준금리 상단보다 10bp(베이시스 포인트) 낮게 설정되어, 기준금리와 밀접하게 연동되어 관리되고 있습니다. 이러한 변화는 금융시장에서 연준의 통화정책을 더욱 명확하게 이해하고 예측하는 데 도움을 줍니다.

할인율(Discount Rate) : 연준의 은행 대출금리 및 통화정책 조절 도구

할인율은 연준이 은행들에게 대출을 제공할 때 적용하는 금리를 가리킵니다. 일반적으로 중앙은행이 시중 금융 시스템의 안정성을 유지하고 통화정책을 펼 때 조절합니다.

참고로 할인율과 재할인창구Discount Window는 서로 관련은 있지만 아예 다른 개념입니다. 할인율은 금리 자체를 나타내고, 재할인창구

··· 재할인창구(Discount Window) ···

재할인창구는 미국 연방준비제도가 제공하는 긴급 자금조달 프로그램 중 하나로 은행들이 예금 부족이나 금융 압력을 겪을 때 긴급하게 자금을 조달할 수 있는 장치입니다. 재할인창구를 통해 은행들은 연준으로부터 자금을 대출받으며, 대출금리는 할인율에 기반을 두어 결정됩니다.

할인율은 상업은행들이 다양한 유가증권(예를 들어, 미국 국채, 지방채, MBS 등)을 담보로 하여 연방준비은행으로부터 자금을 대출받을 때 적용되는 금리입니다. 이 금리는 연방준비은행이사회(FRB)에 의해 결정됩니다. 현재 할인율은 기준금리의 상단 수준으로 설정되어 있으며, 이에 따른 대출의 만기는 3개월입니다. 이 할인율 정책은 중앙은행이 금융시장에 유동성을 제공하는 중요한 방법 중 하나로, 특히 금융위기 상황에서 상업은행들이 단기적인 유동성 문제를 해결하는 데 도움을 줄 수 있습니다.

2023년 3월 실리콘밸리은행의 파산 이후, 연준은 금융 안정을 위해 BTFP(Bank Term Funding Program)라는 새로운 유동성 공급 프로그램을 도입했습니다. BTFP와 재할인창구는 대출 금리, 대출 기간, 목적 등에서 차이가 있으며, 각각의 상황과 목적에 따라 은행들이 자금을 조달하는 데 활용됩니다.

는 연준의 유동성 공급창구 중 하나로 은행들이 중앙은행으로부터 자금을 대출받는 방법을 의미합니다. 할인율은 중앙은행이 통화정책을 펼 때 조절하며, 재할인창구는 은행들이 금융 시스템의 안정성을 유지하기 위해 사용하는 도구 중 하나입니다.

연준의 유동성 조절장치 2 : 지급준비금

상업은행들이 중앙은행에 보유해야 하는 지급준비금은 금융시장의 안전망 역할을 하며, 연준을 통해 은행들의 안정적 운영과 금융 시스템의 전반적인 안정성이 유지됩니다. 이 지급준비금 규정에 따라 은행들은 자금 확보를 위해 더 많은 예금을 유치하거나 자본을 증가시켜야 하며, 이는 과도한 신용 창출 및 대출을 방지하는 데 기여합니다.

경제 과열을 막기 위해 연준은 지급준비금 정책을 사용합니다. 이 정책은 과열된 경제에서 물가 상승이나 금융 거품 형성을 억제하고 불필요한 유동성을 흡수해 경제의 안정을 도모합니다. 지급준비금은 상업은행이 고객의 대규모 출금 요구에 대비하여 확보해야 하는 자금으로, 은행이 항상 일정 비율의 자금을 보유하여 고객 예금에 대응할 수 있도록 합니다.

지급준비금은 법정지급준비금(최소한으로 요구되는 준비금)과 초과 지급준비금(법정지급준비금을 초과하는 부분)으로 나뉩니다. 기존에는 필요지급준비금리Interest on Required Reserve, IORR와 초과지급준비금리 Interest On Excess Reserve, IOER를 따로 관리했으나, 2021년 7월부터 연방준비제도는 이러한 지급준비금에 대한 이자 지급을 단일지급준비금리Interest on Reserve Balances, IORB로 통합하여 관리하고 있습니다.

이 통합된 접근 방식은 효과적인 자본 관리와 안정적인 금융 환경 유지에 기여하며, 연준이 유효연방기금금리Effective Federal Funds Rate, EFFR 수준을 직접적으로 관리하는 데 도움을 줍니다. 이는 은행들이 안정적으로 자금을 운용하고 금융 시스템의 전반적인 안정성을 강화하는 데 중요한 역할을 합니다.

법정지급준비금 : 중앙은행의 경제 안정 및 통화정책 조절 도구

법정지급준비금은 중앙은행이 정한 규정에 따라 상업은행들이 반드시 보유해야 하는 최소한의 자금으로 은행 시스템의 안정성을 보장하고 과도한 대출을 방지하는 역할을 합니다.

중앙은행은 경제 상황, 금융시장의 안정성, 인플레이션과 같은 다양한 요소를 고려하여 법정지급준비금률을 조절합니다. 경기가 둔화되거나 금융시장이 불안정해질 때 중앙은행은 법정지급준비금률을 낮춤으로써 은행들이 더 많은 자금을 대출하도록 유도합니다. 반면, 경기과열이나 인플레이션 압력이 증가할 때는 법정지급준비금률을 높여 대출을 제한함으로써 과도한 자금 흐름을 억제하고 물가 안정을 추구합니다.

금융시장의 안정성 역시 중앙은행이 법정지급준비금률을 조절하는 중요한 요인입니다. 금융시장에 불안 요소가 증가할 때 중앙은행은 법정지급준비금률을 높여 금융 시스템의 안전성을 강화하고 잠재적인 위험을 관리하려 합니다.

연준은 시간이 지남에 따라 이와 같은 요소를 고려하여 법정지급준비금률을 조정해 왔습니다. 특히 2020년 3월 26일부터 연준은 대부분의 예금 유형에 대해 법정지급준비금률을 0%로 설정했습니다. 이러한 조치는 경제 활성화를 촉진하고 금융시장의 유동성을 높이기 위한 결정으로 글로벌 경제 상황과 금융시장의 요구에 대응하기 위한 것이었습니다.

초과지급준비금 : 상업은행의 유동성 관리와 금리 안정화 도구

초과지급준비금은 상업은행이 법정지급준비금 이상으로 중앙은행에 보유하는 자금을 의미합니다. 이 자금은 특별한 필요에 따라 사용되며, 일반적으로 은행의 자발적인 선택에 따라 보유됩니다. 일부 상업은행들은 법정지급준비금 이상의 자금, 즉 초과지급준비금을 보유할 때 이를 다른 은행에 일시적으로 빌려주는 경우가 있습니다. 이때 상업은행 사이에서 발생하는 단기 대출의 이자율을 초과지급준비금리IOER라고 부릅니다. 초과지급준비금은 금융시장에서 유동성을 관리하고 금리를 안정화하는 역할을 합니다.

연준의 유동성 조절장치 3 : 역레포

역레포RRP는 미국 연방준비제도와 금융기관 간의 중요한 금융 거래로 금융시장의 유동성과 금리 안정을 조절하는 데 핵심적인 역할을 합니다. 이 거래에서 연준은 임시로 자금을 빌리고 국채나 다른 자산을 담보로 제공합니다. 이 시스템은 금융시장에서 발생할 수 있는 급격한 금리 변동이나 불안정성에 대응하는 중요한 도구로 경제와 금융 시스템의 안정을 유지하는 데 기여합니다.

역레포는 단기 금융시장의 유동성 필요에 대응하여 시장 사이클을 이해하는 데 중요합니다. 예를 들어, 2019년 9월 레포 금리 급증 사건 시 연준은 역레포 금리를 인하하고 재정증권을 매입하여 시장에 유동성을 주입했습니다. 이는 금리 안정화에 크게 기여했습니다.

또한 연준은 역레포를 활용하여 단기금리, 특히 실효연방기금금리EFFR를 목표 범위 내에서 제어하고 안정화합니다. 2019년 양적긴축 기간과 2021년 코로나19 팬데믹 대응을 위한 무제한 양적완화 정책 기간에도 연준은 역레포를 통해 금융시장의 초과 유동성을 조절하고 금융시장의 안정성을 유지하는 전략을 채택했습니다.

결론적으로 역레포는 금융시장의 유동성 조절과 금리 안정화에 중요한 역할을 하는 연준의 주요 통화정책 도구입니다. 이를 통해 연준은 경제 주체들에게 유동성을 제공하고 금융시장의 안정성을 지원하며 경제의 건전한 발전을 돕습니다.

레포 : 단기자금 조달의 핵심

레포는 단기적으로 자금을 빌리는 과정으로 단기 담보 대출을 말합니다. 이는 자금이 필요한 개체가 보유한 채권 등의 자산을 담보로 제공하여 투자자나 대출자로부터 자금을 빌리는 것을 의미합니다. 약정된 기간이 지난 후에는 약정된 이자와 함께 담보물을 다시 매입하는 형태입니다. 주로 단기자금시장에서 활발히 거래되며, 금융 시스템의 유동성을 조절하고 단기자금을 조달하는 데 사용됩니다.

예를 들어, 레포 시장에서 금리가 상승한다면, 이는 시장 참가자가 급하게 자금을 조달해야 할 필요가 있다는 신호로 해석될 수 있습니다. 이는 보통 경제나 금융 시스템의 불안 요인으로 해석되며, 레포 금리의 변동은 단기자금시장의 건강 상태를 파악하는 중요한 지표 중 하나입니다.

연준의 유동성 조절장치 4 : 양적긴축

양적긴축은 연방준비제도가 금융위기 이후 양적완화를 통해 주입한 유동성을 되돌리기 위한 정책으로 경제성장이 과도하게 빠르게 이루어질 때 통화정책을 조절하는 데 사용됩니다. 양적완화는 금융시장에 유동성을 공급하고 금리를 낮추기 위해 국채와 기타 자산을 구매하는 방식으로 진행되었지만, 양적긴축은 이와 반대로 연준이 보유한 자산의 만기 도래 시 재투자를 하지 않거나 자산을 매각하여 시중의 유동성을 회수하는 방식으로 이루어집니다.

양적긴축은 금융시장의 거품을 예방하고 너무 빠른 경제성장을 조절하는 데 중요한 역할을 합니다. 이 정책은 금리를 인상하는 것이 아니라 자산 매각을 통해 유동성을 회수하고 시장의 금리 상승을 유도하는 방식으로 진행됩니다.

양적긴축의 규모를 살펴보기 위해서는 적정 지급준비금의 수준이 중요합니다. 지급준비금은 은행이 중앙은행에 보유해야 하는 최소 예치금으로 금융 안정성을 확보하기 위한 조치입니다. 적정 수준이 유지되지 않으면 은행은 유동성 부족에 직면할 수 있고, 이는 금융시장 전반의 불안정을 초래할 수 있습니다.

2017년 10월~2019년 7월에 연준은 양적긴축을 진행했으며, 이로 인해 시중의 유동성이 감소했습니다. 이 과정에서 은행의 지급준비금도 감소하여 단기자금시장에서 유동성 부족 현상이 나타났습니다. 이는 2019년에 레포 금리의 급등 현상으로 나타났고, 연준은 레포 시장에 유동성을 긴급 공급하여 급격한 금리 상승을 완화시켰습니다.

양적긴축은 중앙은행의 통화정책 도구 중 하나로 적절히 사용될 때 경제에 긍정적인 영향을 미칠 수 있지만, 적정 지급준비금 수준을 유지하는 것이 중요합니다. 적정 지급준비금을 무시하면 금융시장의 불안정성을 초래할 수 있습니다. 연준의 사례는 이러한 중요성을 강조합니다. 또한 연준은 유동성을 조절하기 위해 다양한 정책 도구를 사용하며, 이는 금융 시스템의 안정을 유지하는 데 필수적입니다.

양적완화 : 경제 촉진과 금융 안정을 위한 중앙은행의 도구

양적완화는 경기 부양을 위해 중앙은행이 국채나 다른 금융 자산을 매입하여 통화량을 늘리는 정책입니다. 이는 간단히 말해 미국의 경우 달러를 총량적으로 더 많이 풀어 공급을 증가시킨다고 이해할 수 있습니다. 중앙은행이 제로에 가까워진 초저금리나 부실한 재정 상태를 탈피하기 위한 목적으로 시행합니다.

일반적으로 양적완화는 통화량을 증가시키는 과정으로 이해됩니다. 이렇게 함으로써 금융기관은 저금리 환경에서 자금을 조달할 수 있으며, 경기 활성화와 인플레이션 증가를 견인하는 데 기여합니다. 다만 벤 버냉키는 『벤 버냉키의 21세기 통화 정책』에서 현재의 금융 시스템과 통화정책에 대한 통찰과 새로운 관점을 제시하고 있습니다.

그는 양적완화가 통화량을 직접적으로 증가시키는 것이 아니라 중앙은행의 자산 구조를 변화시키는 과정이라고 주장합니다. 특히 금융위기 당시 연준은 양적완화를 통해 장기 이자율을 낮추고 금융 시스템을 안정화하는 것에 주력했다는 점을 강조합니다. 그는 양적완화라는 용어 자체가 잘못되었다고 말하며, 이 정책이 단순히 본원 통화량을 늘리는 것이 아니라 장기 국채의 이자율을 낮추어 대출 활동을 촉진하는 방식으로 중앙은행이 자산 시장을 변화시키는 과정이라고 설명합니다.

일반적으로 중앙은행에서 발행하는 돈을 기본 통화M_0라 부르고, 금융기관을 통해 생성되는 돈을 파생통화M_1, M_2라고 합니다. 민간 부문에 공급된 현금이 금융기관에 다시 예치되는 과정을 통해, 이 돈의 순환과 재투자가 이루어지면서 시장의 유동성Lf, L이 증가하게 됩니다. 이러한 맥락에서 버냉키는 금융위기 당시 통화 공급의 단순한 확대가 아니라 연방준비제도가 시장이 원활하게 기능할 수 있도록 적절한 조건을 마련해 줌으로써 위기를 극복했다고 설명합니다. 이는 통화량과 유동성 사이의 핵심적인 차이를 이해하고, 이것이 경제와 어떻게 상호작용하는지를 파악하는 데 중요한 통찰을 제공합니다.

미국 은행 시스템의
숨은 도전 :
은행 예금 감소와 경제 파장

상업은행 예금 감소의 원인,
MMF의 성장

　최근 미국 상업은행의 예금이 계속해서 감소하는 배경에는 여러 가지 복잡한 요인이 작용하고 있습니다. 이러한 현상의 중요한 요소 중 하나로 머니마켓펀드MMF와 연방준비제도의 역레포 거래가 큰 역할을 하고 있습니다.

　MMF는 안정적인 수익을 추구하는 투자자들에게 인기가 높은 금융상품입니다. 이 펀드는 투자자들의 일시적인 여유 자금을 안전하게 운용할 수 있는 기회를 제공하며 주로 국채, CP(어음), CD(양도성 예금증서) 등의 단기금융상품에 투자합니다. 따라서 고정된 수익률을 제공하면서도 안전성을 유지합니다. 2023년에 MMF의 자산이 사상 최고치에 도달한 것은 투자자들이 안정적인 수익을 찾는 경향을 보이고 있기 때문입니다.

그러나 이러한 MMF의 자산 증가가 은행 시스템의 예금 감소로 직접적으로 이어지는 것은 아닙니다. MMF는 자금을 사용하여 다른 금융기관의 재정증권이나 어음을 구매하고, 이러한 금융기관은 자금을 다시 은행에 예치하게 됩니다. 이것은 자금이 은행 시스템 내에서 계속해서 순환하게 되는 구조를 의미합니다.

다시 말해, MMF의 자산이 증가하더라도 이는 단기적으로는 은행의 예금감소로 이어질 수 있지만, 결국은 은행 시스템 내에서 자금이 순환하며 금융기관 간의 거래와 예금에 영향을 미칩니다. 따라서 MMF의 자산 변동이 은행 예금에 직접적인 영향을 미치는 것보다는

MMF 규모 및 연준 지급준비금 추이

연준 지급준비금(좌) ── MMF 규모(우)

금융시장의 유동성과 금리 동향 등이 더 중요한 역할을 하는 경우가 많습니다.

예금 감소의 진짜 원인은 역레포 사용량 급증

2013년 연준이 도입한 역레포RRP 거래 제도는 자금 순환 메커니즘을 바꿔 놓았습니다. 역레포란 연준이 금융기관으로부터 단기간 자금을 빌리는 것을 의미합니다. 이를 통해 연준은 금리를 더 효과적으로 조절할 수 있게 되었습니다.

그런데 MMF도 이 역레포에 투자할 수 있게 되면서 MMF의 자금이 직접 은행 예금으로 흘러들어가지 않게 되었습니다. 2021년 3월 이후 역레포 사용량이 급증했습니다. 이는 연준의 금리정책과 글로벌 금융시장의 불안정성, 그리고 MMF의 성장 등 여러 요인이 복합적으로 작용한 결과입니다.

결과적으로 MMF의 성장과 역레포 거래의 증가는 미국 상업은행의 예금 감소와 밀접한 관련이 있습니다. 이를 통해 현재의 금융시장 동향과 미래의 가능성을 예측하고 금융 시스템의 안정성을 지키는 데 중요한 역할을 합니다.

2022년 3월 연준은 인플레이션 압력을 고려하여 금리를 인상하기 시작했습니다. 이에 따라 역레포 금리도 인상되었고, MMF와 다른 금융기관들은 더욱 연준의 역레포 거래에 관심을 가지게 되었습니다. 특히 MMF와 상업은행 간의 자금 흐름에 큰 변화를 가져왔으며, 이는 연준의 역레포 거래 급증의 주요 원인으로 작용했습니다.

2022년의 미국 은행 시스템 악화 메커니즘을 생각해 보면, MMF가 역레포에 투자하는 것을 선호했던 이유는 2가지입니다. 첫째, 중앙은행인 연준에 예치되므로 파산 위험이 없어 안정적인 점, 둘째, 역레포 금리가 상대적으로 은행 예금금리보다 높아 더 많은 수익을 기대할 수 있는 점입니다.

이런 상황에서 미국 은행 시스템에 불안 요소가 발생하면 예금은 은행에서 MMF로 급속히 이동하게 될 가능성이 높습니다. 이때 MMF는 추가 자금을 안정적이고 수익성 좋은 역레포에 투자하려 할 것입니다.

이로 인해 상업은행의 예금 및 지급준비금이 감소할 위험이 생깁니

역레포 상승(2022년)에 따른 지급준비금 감소

다. 이러한 메커니즘은 특히 중소형은행에서 뚜렷하게 나타날 수 있습니다. 대형은행은 상대적으로 예금 및 자본량이 풍부하여 위기에 더 강건할 수 있습니다. 그러나 중소형은행은 기본적으로 예금이 부족하고 시스템의 불안 요소가 생기면 더 큰 타격을 입을 수 있습니다.

따라서 역레포의 급격한 증가는 은행 시스템의 약화를 나타내는 신호로 볼 수 있습니다. 특히 MMF의 자산 증가와 함께 역레포 잔액이 증가하는 경우, 이는 은행 시스템의 불안을 반영하는 중요한 지표가 될 수 있습니다.

보완적 레버리지 비율(SLR) 규제와 역레포 거래가 금융시장에 미치는 영향

연준은 금융시장의 안정과 인플레이션 관리를 위해 다양한 통화정책 도구를 사용합니다. 그중 보완적 레버리지 비율SLR 규제와 역레포RRP 거래는 특히 주목할 만한 영향을 금융시장에 미칩니다.

코로나19 팬데믹 초기인 2020년 3월에 금융시장의 불안정성과 불확실성이 증가하면서 연준은 기준금리를 인하하고 SLR 규제를 일시적으로 완화했습니다. SLR는 은행이 자기 자본 대비 일정 비율의 총자산을 유지하도록 하는 규제로, 이 완화 조치는 국채와 지급준비금을 총자산에서 제외함으로써 은행들이 자금을 보다 쉽게 조달하고 대출을 확대할 수 있도록 했습니다.

그러나 2021년 3월에 SLR 규제완화 조치가 철회되었고, 이에 따라 은행들은 예금 증가를 제한하게 되었습니다. 이로 인해 대부분의 단기자금이 머니마켓펀드MMF로 이동했으며, MMF는 안정적이고 비교적 높은 수익률을 제공하는 연준의 역레포로 자금을 이동시켰습니다. 이러한 역레포 거래는 단기자금시장에서 대규모의 자금을 끌

···· 은행의 자본 규제인 SLR의 목적과 규제의 변화 ····

SLR는 미국의 대형은행에 대한 자본 규제로 은행의 총자산 대비 자기 자본의 비율(3%, 국제적으로 중요한 은행인 G-SIB의 경우 5%)을 규정하고 있습니다. 이 규제의 목적은 위험을 감소시키고 금융기관이 잠재적인 금융위기에 대응할 수 있도록 유동성을 확보하는 것입니다.

2020년 3월 연준은 코로나19 위기에 따른 금융시장의 불안정성에 대응하기 위해 '무제한 양적완화'를 선포했습니다. 이는 연준이 국채 및 MBS를 대규모로 매입하겠다는 의미였고, 이로 인해 상업은행의 예금이 크게 증가했습니다. 상업은행의 예금 증가에 따라 은행들의 SLR 비율이 급격히 변동할 수 있었습니다.

이에 따라 연준은 일시적으로 SLR 규제를 완화했습니다. 즉 국채와 지급준비금을 SLR 계산에서 제외했습니다. 이 조치는 금융시장의 안정성을 위해 은행들이 추가 자본을 확보할 필요 없이 많은 예금을 보유할 수 있게 되었습니다.

2021년 3월 연준은 이 임시 완화조치를 철회했습니다. 이로 인해 은행들은 총자산 증가에 따른 SLR 비율 하락을 대비하여 유입되는 예금을 제한하거나 방출하기 시작했습니다. 더불어 MMF는 상업은행에 예치할 수 있는 현금의 한계를 느끼게 되었습니다.

어들이며 중요한 투자 도구로 부상했습니다.

SLR 규제의 변화와 연준의 정책 조치는 금융시장에서 자금의 흐름에 큰 변화를 일으켰습니다. 특히 MMF의 자산이 급증하고 역레포 잔액이 상당히 증가했는데, 이는 은행 시스템 내부의 불안 요소를 증폭시키는 결과를 낳았습니다. 이러한 현상은 연준의 통화정책과 금융시장의 상호작용에 대한 이해를 증진시키며 향후 정책 결정에 중요한 교훈을 제공합니다.

중소형은행의 대출 포트폴리오와 미국 경제의 밀접한 연관성

자금이 머니마켓펀드MMF로 이동하고 역레포 시장에 대한 투자가 급증하는 현상은 특히 중소형은행(자산 규모 101위 이상 은행)에 중요한 영향을 끼칩니다. 이러한 현상은 중소형은행들의 유동성 유지와 안정성 확보에 어려움을 가져올 수 있으며 다양한 경제적 영향을 미칠 수 있습니다.

중소형은행들은 대형은행들과 비교해 상대적으로 예금 기반이 크며, MMF로의 예금 유출은 이러한 중소형은행들의 예금 기반을 약화시킬 수 있습니다. 이는 예금금리 상승압력을 가중시키며, 은행들이 고객에게 더 높은 이자율을 제공하거나 자금을 조달하는 데 더 많은 비용을 지불해야 함을 의미합니다.

또한 중소형은행들은 다양한 경제 섹터에 대출을 제공하는데, 이러한 은행들의 자금 부족은 대출 역량 약화로 이어질 수 있습니다. 이는 중소기업 및 다른 금융섹터에 영향을 미치며, 경제에 부정적인 파급 효과를 가져올 수 있습니다.

상업용 부동산 대출과 주거용 부동산 대출은 중소형은행의 대출 포트폴리오에서 중요한 부분을 차지합니다. 이러한 대출은 중소기업의 사업 확장과 운영, 개인의 주택 구매 및 개량에 필수적입니다. 최근 상업용 부동산 담보증권CMBS 연체율의 상승은 중소형은행의 관련 대출에 부실이 발생할 수 있다는 신호를 보내고 있습니다.

소비자 대출과 산업 대출 또한 중소형은행의 대출 포트폴리오에서 중요한 비중을 차지합니다. 이는 자동차 대출, 신용카드 대출, 기업 운영 및 투자를 위한 자금 지원 등 다양한 영역에 영향을 미칩니다.

미국 기준금리 및 은행 연체율 추이

중소형은행들의 대출 동향은 미국 경제와 금융 시스템에 큰 영향을 미치며, 부동산 시장과 소비 패턴 등 경제의 핵심 부분에 영향을 줍니다. 따라서 중소형은행 대출 포트폴리오의 건전성과 관리는 미국 경제의 안정성을 평가하는 데 중요한 지표가 됩니다. 이러한 중소형은행들의 대출 동향을 면밀히 모니터링하는 것은 경제의 향방을 예측하고 안정성을 평가하는 데 중요합니다.

부채한도 협상 이후
금융시장의 흐름 :
유동성 변화와 주식시장 움직임

미국 부채한도 협상 :
금융시장의 영향과 주목해야 할 이슈

2023년 6월 가장 시장에 큰 화제가 되었던 이슈는 미국의 부채한도 협상이었습니다. 미국 부채한도 도달은 항상 주목받지만, 실제로는 디폴트 위기로 이어질 가능성은 거의 없다고 여겨집니다. 다만 미국 부채한도 문제는 중요한 이슈입니다. 이 문제가 금융시장에 어떤 영향을 미칠 수 있는지 알아보겠습니다.

미국 정부가 차입하는 경우 부채 상한선, 즉 부채한도가 존재합니다. 이 한도에 도달하면 정부는 추가로 돈을 빌릴 수 없습니다. 그러나 실제로 미국 정부가 디폴트, 즉 빚을 갚지 못하는 상황에 처한 경우는 매우 드물었습니다. 이런 상황이 발생했을 때에도 정부 운영이 일시적으로 중단되는 셧다운은 대체로 짧게 끝났으며, 부채한도 문제는 대부분 증액 협상을 통해 해결되었습니다.

부채한도 문제가 큰 관심을 받는 이유는 그것이 미치는 영향이 크기 때문입니다. 미국 정부가 부채한도에 이르렀을 때 부채한도 협상이 지연되면 정부는 재무부 현금잔고Treasury General Account, TGA에 보유한 자금을 사용하게 됩니다. 이때 TGA에서 방출된 자금은 실물경제와 금융시장 양쪽으로 흘러갑니다. 특히 금융시장으로의 자금 유입은 주식시장에 큰 영향을 미칠 수 있습니다.

이후 부채한도 협상이 마무리되면 정부는 국채를 발행해 필요한 자금을 조달합니다. 이 과정에서 단기적으로 시장의 유동성이 줄어들 수 있지만, 결국에는 국채를 통해 조달된 자금이 시장으로 유입되어 연준의 양적완화 정책과 비슷한 효과가 생깁니다. 이러한 상황은 미국 정부의 재정 관리와 금융시장에 중대한 영향을 미칠 수 있고, 금융시장과 정책에 변화를 가져올 수 있습니다. 따라서 투자자들은 이러한 상황을 면밀히 관찰하고 적절히 대응하는 것이 중요합니다.

미국 국채 발행과 부채한도 :
금융시장 영향과 정부 현금 관리

재무부 현금잔고Treasury General Account, TGA와 부채한도Debt Limit, 그리고 정부와 금융시장 간의 관계를 이해하면 정부가 돈을 어떻게 다루고, 그것이 금융시장에 어떤 영향을 미치는지 이해할 수 있습니다. 이러한 요소들은 미국의 경제와 금융에 중요한 영향을 미치는 것들입니다.

미국의 부채한도는 마치 신용카드의 한도와 비슷합니다. 우리가 신용카드를 가지고 있을 때 카드 회사가 우리에게 얼마까지 돈을 빌려줄 수 있는지 정해 놓는 것과 비슷합니다. 미국 정부도 비슷한 개념을 가지고 있는데, 정부가 얼마까지 돈을 빌릴 수 있는지에 대한 법적 한계를 부채한도로 정해 놓습니다.

미국의 부채는 한도를 정해 두고 이 한도를 넘어서 돈을 빌리려면 의회의 허가가 필요합니다. 그래서 정부가 예산을 짜고 지출을 하려면 부채한도 내에서 돈을 빌려야 하는데 한도를 넘어서 빌리면 문제가 발생하게 됩니다.

미국 정부의 부채한도 이슈를 살펴보면, 과거(1980년 이후) 부채한도 협상 시기 통화량, 증시, 금리 및 부채한도 증액 등의 데이터를 분석해 봤을 때 부채한도는 결국 언제나 증액, 나머지 다른 요소들은 상황에 따라 모두 달랐습니다. 다만 확실한 것은 부채한도 협상이 완료되면, 뒤따라서 국채 발행이 이어졌습니다.

수급적인 측면에서 공급량 확대는 금리 상승 요인인 것은 맞습니다. 다만 과거 국채 공급이 금리 방향성에 미치는 영향을 살펴보면, 이는 주요 경제 변수들과의 상호작용에 따라 결정되는 복잡한 과정인 것을 볼 수 있습니다. 즉 국채 공급 확대는 다양한 시기와 상황에서 발생하며, 이를 통해 금리 동향을 예측하고 이해하는 것이 중요합니다.

이를 위해 주요 시기를 다음과 같이 나누어 살펴보겠습니다.

2018년 트럼프 정부의 세제 개편과 재정 지출 증가로 인해 미국의 국채 발행이 증가했습니다. 이 시기에 미국 경제는 견조한 성장세를 보이며, 중앙은행의 양적긴축 정책은 금리 상승을 견인했습니다. 이러한 상황에서 국채 공급의 증가는 금리 상승 압력을 더욱 가중시켰습니다.

2020년에는 코로나19 대응을 위해 전 세계 많은 국가가 경기 부양책을 시행하고 대규모 국채를 발행했습니다. 이 시기에는 금융 및 경제 충격으로 인해 안전자산에 대한 선호 심리가 높아졌고 국채 수요가 증가했습니다. 동시에 중앙은행의 양적완화 정책은 금리 하락을 더욱 가속화했습니다.

2023년 하반기에는 상황이 다시 변화했습니다. 2022년부터 연방준비제도의 기준금리 인상과 양적긴축 정책으로 인해 미국 경제에 대한 의구심이 커졌습니다. 이에 대응하여 미국 정부는 대규모 적자국채 발행을 통한 재정 부양을 시행하여 2023년 상반기에 경기가 반등하는 데 성공했습니다. 그러나 2023년 하반기에는 미국 장기국채

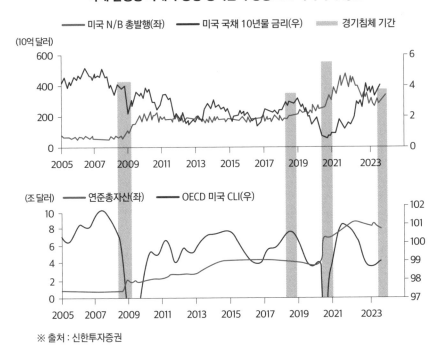

국채 발행량 확대가 항상 장기금리 상승으로 이어지지 않음

―― 미국 N/B 총발행(좌)　―― 미국 국채 10년물 금리(우)　▨▨▨ 경기침체 기간

※ 출처 : 신한투자증권

발행량의 증가가 주목받았고, 이는 미국 국채금리 상승의 중요한 요인으로 작용했습니다. 이러한 시기별 금융정책과 경제 상황의 변화는 금융시장과 국채수익률에 중대한 영향을 끼쳤습니다.

　정리하면, 국채 공급과 금리 방향성은 다양한 요인과의 조합에 따라 결정되며, 글로벌 경제 상황, 중앙은행 정책, 안전자산 선호 등이 상호작용하여 금리 동향을 형성합니다. 따라서 국채 발행의 변화를 주시하면서 금융시장을 분석하는 것이 중요하며, 특히 현재의 경기와 정책 환경을 고려하여 미래의 금리 움직임을 예측하는 것이 필요합니다.

미국의 TGA와 금융시장의 상호작용

미국 재무부의 현금잔고인 TGA_{Treasury General Account}는 사실상 미국 정부의 은행 계좌라고 할 수 있습니다. 정부가 세금을 수집하거나 기타 수입을 얻을 때, 이 금액은 TGA에 보관됩니다. 정부의 지출이 필요할 때는 이 계좌에서 자금을 인출하여 사용합니다. TGA는 미국 정부의 재정 관리에서 핵심적인 역할을 수행합니다.

TGA의 자금 흐름에 대해 살펴보면, TGA 잔고가 풍부한 상황은 마치 집안에 현금이 많이 모여 있는 것과 유사합니다. 이러한 상황에서는 정부가 시중으로 자금을 방출하게 되며, 이는 금리 하락과 시장 유동성 증가로 이어집니다. 이는 금융시장에 긍정적인 영향을 미칩니다.

반대로 TGA 잔고가 적은 상황은 집안에 현금이 부족한 것과 같습니다. 이 경우 정부는 시장에서 자금을 조달하기 위해 국채 발행 등의 수단을 사용할 수 있으며, 이로 인해 시장에서의 현금이 부족해지고, 금리가 상승하며 유동성이 줄어들게 됩니다. 이는 금융시장에 부정적인 영향을 미칠 수 있습니다.

현재 미국 정부는 부채한도에 도달하여 추가 자금을 빌릴 수 없는 상황에 직면해 있습니다. 이에 따라 정부는 TGA에 있는 자금을 사용하여 지출을 처리하고 부채를 상환하고 있으며, 임시 협상을 통해 단기적인 자금 조달을 하고 있습니다. TGA의 잔액 감소는 국채 발행을 통한 자금 조달로 이어지며, 이는 시장의 유동성 감소와 금융시장에 영향을 끼칠 수 있습니다.

부채한도 증가를 위한 정치적 합의가 실패할 경우 TGA 잔액의 단기 방출이 가능하지만, 이 자금이 고갈되면 정부는 공무원 급여, 국채 이자 지급 등을 할 수 없는 디폴트 상황에 처할 수 있습니다. 이러한 '디폴트 시기x-date'에 다가갈수록 정부와 금융시장의 긴장은 커지며, TGA 잔액과 관련된 움직임은 미국 경제와 금융시장의 안정성에 중대한 영향을 미칠 수 있습니다. 따라서 이를 면밀히 모니터링하는 것은 매우 중요합니다.

연준의 순 유동성 관리 : TGA와 RRP 흐름과 주식시장 움직임

2023년 6월 한 경제 채널에 출연했을 때 저는 부채한도 협상 이후 주식시장 분석에서 신용평가사 피치Fitch가 미국의 신용등급을 강등한 이슈보다 연방준비제도의 순 유동성 방향성이 더 큰 영향을 미칠 것으로 전망했습니다.

실제로 부채한도 협상 후 미국은 대규모 국채를 발행하여 재무부 현금잔고Treasury General Account, TGA를 채웠고 순 유동성 긴축에 대한 우려가 커졌습니다. 하지만 역레포 잔고가 대부분 방출되어 시장의 순 유동성 감소는 발생하지 않았고, 이는 6~7월 주식시장의 상승세를 이끌었습니다. 당시 미국 신용등급 강등 이슈보다 대규모 국채 발행에 따른 TGA 잔고 동향과 역레포 잔고의 흐름에 따른 연준의 순 유동성 움직임이 주식시장 방향성의 주요 결정 요인이 되었습니다.

또한 2022년 상반기 연준의 순 유동성 동향을 살펴보면, 당시 부채한도 대립 기간 중 TGA는 약 600억 달러에서 국채 발행을 통해 약 7,100억 달러로 증가했습니다. 이 기간 동안 역레포 잔고는 방출되지 않았고, 이는 연준의 순 유동성 축소로 이어져 주식시장의 하락을 야기했습니다. 이러한 사례들은 순 유동성이 주식시장에 미치는 영향이 매우 중요하다는 것을 시사합니다.

2021년 이후 연방준비제도의 순 유동성과 주가 사이의 상관관계는 0.8 이상으로 매우 높은 수준을 나타내고 있습니다. 이는 앞으로도 재무부 현금잔고TGA와 역레포RRP의 변화가 금융시장과 실물경제 사이의 관계에 중요한 영향을 미칠 수 있음을 의미합니다.

경제 상황이 부진하더라도 주식시장이 상승하는 현상이 발생할 수 있으며, 이는 주식시장과 매크로 경제지표 간의 괴리로 이어질 수 있습니다. 이런 괴리는 시장의 가격 변동성을 증가시키고 투자자들 사이에 불확실성과 혼란을 야기할 수 있습니다. 이는 금융시장의 동향과 실물경제 간의 관계를 해석하고 예측하는 데 중요한 요소로 작용하며, 투자자와 정책 결정자들에게 지속적인 모니터링과 심도 있는 분석을 요구합니다.

미국 정부는 2023년 9월과 10월 동안 충분한 국채 발행을 통해 재무부 현금잔고를 약 1조 달러 가까이 증가시켰습니다. 역레포 잔고

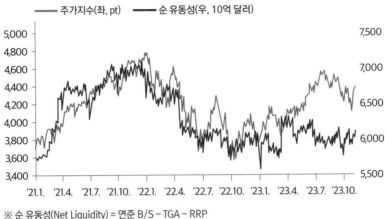

연준 순 유동성 흐름과 S&P500 추이

—— 주가지수(좌, pt)　　—— 순 유동성(우, 10억 달러)

※ 순 유동성(Net Liquidity) = 연준 B/S − TGA − RRP

는 이전의 2조 달러 대비 줄어들었으나 여전히 상당한 유동성 버퍼가 남아 있는 상태입니다.

앞으로 이러한 역레포와 TGA 잔고가 다시 시중으로 방출되면 시중의 순 유동성은 완화적으로 움직일 가능성이 높습니다. 이는 2024년 대선에 대비한 연착륙 정책의 일환으로 볼 수 있으며, 시중으로 방출되는 유동성은 증시 하락을 방어하는 데 사용될 수 있습니다.

그러나 연방준비제도와 재무부는 인플레이션에 대한 우려가 있는 상황에서 무계획적으로 유동성을 방출하지 않을 것입니다. 따라서 향후 연준의 순 유동성 추이는 주식시장의 방향성을 결정하는 데 중요한 요소로 남을 것이며, 이에 대한 주의 깊은 모니터링이 필요합니다. 이러한 유동성 관리 정책은 미국 경제와 금융시장의 안정성에 영향을 미치며, 투자자들에게는 중요한 참고사항이 될 수 있습니다.

주식시장 방향을 결정하는 핵심 요인, 유동성

연방준비제도의 총자산에서 역레포RRP와 재무부 현금잔고TGA 잔액을 제외한 연준의 순 유동성은 실질적으로 은행들의 지급준비금 추이와 매우 유사한 모습을 보입니다. 이는 연준이 시장에 제공할 수 있는 유동성과 은행들이 유동성 경색과 같은 긴급상황에 대비해서 마련해 둔 지급준비금이 거의 같이 움직이고 있다는 것을 나타냅니다.

시장의 순 유동성 수준은 연방준비제도의 양적긴축 정책, 재무부의 국채 발행 등의 요인들에 의해 크게 영향을 받을 수 있습니다. 이는 궁극적으로 은행들이 자신들의 지급준비금을 어떻게 효과적으로 관리하고 유지하는지와 밀접한 관련이 있습니다. 즉 은행들의 지급준비금 관리는 시장의 유동성 수준에 직접적인 영향을 미치며, 이는 다시 금융시장의 건전성과 실물경제의 안정에 영향을 줄 수 있습니다. 따라서 이러한 상황은 금융 시스템 내에서 유동성의 흐름과 금융 안정성을 이해하는 데 중요한 지표로 작용합니다.

중앙은행이 기준금리를 조절함으로써 경제 내의 통화량, 즉 유동성을 조정한다는 개념은 신문이나 뉴스에서 자주 접하는 이야기입니다. 일반적으로 사람들은 이자율의 변화가 통화량에 영향을 준다고 생각하기 쉽습니다. 하지만 이것을 반대로 보는 관점이 더 정확할 수 있습니다. 즉 중앙은행이 우선적으로 통화량을 조절하고, 이에 따라 이자율이 변화하는 것이 더 타당한 설명입니다. 이자율 조절이 통화량 변화의 원인이라기보다는 통화량 조절이 이자율 변화의 원인이 되는 것입니다.

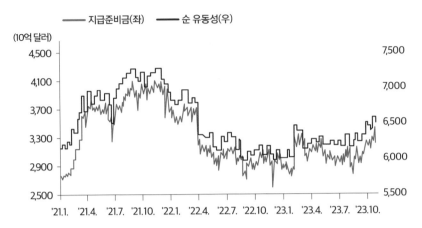

연준 순 유동성 흐름과 지급준비금 추이

—— 지급준비금(좌) —— 순 유동성(우)

(10억 달러)

유명한 투자자인 조지 소로스는 중앙은행의 정책과 시장의 유동성이 개별 기업의 실적보다 전체 시장에 더 큰 영향을 미친다고 강조합니다. 이에 따르면 투자 진입 시점을 결정할 때 시장의 유동성 상황을 주요 고려사항으로 두는 것은 현명하고 안전한 투자 전략 중 하나가 됩니다. 유동성 상황이 나아지지 않는 한 투자 결정을 미루는 것도 합리적일 수 있습니다.

2023년 미국 경제가 여러 어려운 요인에도 불구하고 주식시장이 강세를 보인 이유 중 하나는 바로 유동성 흐름이었습니다. 즉 경제 상황이 나쁘더라도 유동성이 방출되는 시장에서 하락에 베팅하는 것은 높은 리스크를 수반합니다. 이러한 관점은 투자자가 의사결정을 내릴 때 반드시 고려해야 할 중요한 원칙입니다.

페드 인사이트

페드 인사이트(FED Insight) : 전략적 투자의 길

미국 증시는 2022년에 약세장에 진입한 후 2023년에 이르러 그 하락폭을 상당 부분 회복했습니다. 이러한 변화가 단순한 반등인지, 아니면 지속적인 상승 추세로의 전환인지를 판단하는 것이 매우 중요합니다.

역사적으로 약세장은 높은 인플레이션과 중앙은행의 금리 인상 정책이 경제 수축을 초래하는 경우에 발생합니다. 이러한 경제적 위축은 기업의 실적 저하와 실업률 증가로 나타납니다. 약세장에서 회복하기 위해서는 인플레이션을 효율적으로 조절하고, 중앙은행이 긴축적인 정책에서 보다 완화된 통화정책으로 전환하는 것이 필수적입니다. 이는 기준금리의 인하와 같은 조치를 말합니다. 중요한

과거 약세장 특징과 반등 조건

것은 경제가 침체에 빠지는 것을 막고, 성장을 다시 회복하는 것입니다. 이는 약세장에서의 반등을 위한 핵심 요소로 작용합니다.

따라서 현재의 미국 증시 상황을 이해하기 위해서는 이러한 매크로 경제적 요인들을 면밀히 분석하고, 과거의 경험과 현재의 데이터를 비교하여 시장의 잠재적인 방향성을 평가하는 것이 중요합니다. 이를 통해 투자자들은 보다 명확한 시장 전망을 갖고 전략적인 투자 결정을 내릴 수 있을 것입니다.

이 장에서는 시장 예측에 초점을 맞추기보다는 매크로 경제적 관점에서 논리적인 투자 결정을 내리는 방법을 알려 주고자 합니다. 2023년 12월까지의 분석을 바탕으로 작성되었으며, 글로벌 매크로 상황에 기반을 둔 투자 논리와 전략이 다루어집니다.

이 장을 통해 독자들은 미래의 경제 전망에 대해 깊이 이해하고 시장의 변동성과 불확실성 속에서 투자 기회를 발견하고 위험을 관리하는 데 필요한 중요한 통찰력을 얻게 될 것입니다. 더불어 장기적인 성공을 위한 투자 계획을 수립하는 데 도움이 되길 희망합니다.

미국 증시의 과거와 현재 :
주식시장 변화를 되돌아보다

과거 약세장 시기와 현재 :
경제지표와 연준 정책의 역할

약세장은 전통적으로 주요 증시가 고점 대비 20% 이상 하락하였을 때를 의미합니다. 2022년 6월 20일 기준, 미국의 S&P500 지수는 고점 대비 약 24% 하락하며 약세장에 진입했습니다. 이는 주식시장에서 주요 지표의 하락이 심각하고 지속적임을 나타내는 중요한 신호로 경제 전반에 걸친 불안정성과 불확실성의 증가를 반영합니다.

역사적으로 살펴보면 약세장은 평균적으로 약 12개월 동안 지속되었습니다. 이 기간 동안 주가는 지속적으로 하락하며, 투자자들 사이에서 경제 전반에 대한 불안과 불확실성이 증가합니다. 대부분의 약세장은 경기침체와 밀접하게 연관되어 있습니다. 경기침체가 발생하면 기업의 수익성이 감소하고, 이는 주가 하락으로 이어질 수 있습니다. 경기침체는 또한 소비자 신뢰도 감소, 투자 감소, 실업률 증

과거 약세장 시기 특징 및 주요 사건

약세장 시기	약세장 기간	경기침체 시기	경기침체 기간	S&P500 하락률	밸류에이션 (멀티플)	EPS (실적전망)	주요 사건
2022.1.	미정	미정	미정	-24%	21.7배 →16.9배	7%	-
2020.2. ~2020.3.	1개월	2020.2. ~2020.4.	2개월	-35%	19.1배 →13.9배	-6%	코로나
2018.9. ~2018.12.	3개월	없음	없음	-20%	17.1배 →14.3배	2%	미·중 무역분쟁
2011.5. ~2011.10.	5개월	없음	없음	-22%	13.2배 →10.3배	8%	미국 신용 등급 강등
2007.10. ~2009.3.	17개월	2007.12. ~2009.6.	18개월	-58%	15.1배 →9.5배	-39%	금융위기
2000.3. ~2002.10.	31개월	2001.3. ~2001.11.	8개월	-51%	23.3배 →15.4배	-18%	닷컴버블
1998.7. ~1998.10.	3개월	없음	없음	-22%	22.2배 →20.6배	1%	-
1990.7. ~1990.10.	3개월	1990.7. ~1991.3.	8개월	-20%	12.5배 →10.3배	-2%	-
1987.9. ~1987.10.	2개월	없음	없음	-36%	데이터 추출 X		블랙 먼데이
1980.11. ~1982.8.	22개월	1981.7. ~1982.11.	16개월	-28%			스태그 플레이션
1976.9. ~1978.3.	18개월	없음	없음	-20%			-
1973.1. ~1974.10.	21개월	1973.11 ~1975.3.	16개월	-50%			스태그 플레이션

※ 경기침체(리세션) 진입한 시기 분석 결과, 코로나19 팬데믹 시기를 제외하면 모두 경기선행지수 하락과 물가 상승(연준의 강한 긴축)이 주요 원인이었다.

※ 출처 : 원스경제, 국제금융센터

가 등과 같은 다양한 부정적인 경제적 결과를 낳습니다.

약세장에서의 반등은 경기회복, 인플레이션 하락, 그리고 연방준비제도의 완화적 통화정책과 같은 요인들에 의해 주도됩니다. 경기회복의 징후는 기업 수익의 증가, 고용시장의 안정, 그리고 소비자 신뢰도 상승 등에서 나타날 수 있습니다. 인플레이션의 하락 추세는 물가 안정화와 구매력 증가로 이어져 경제적 활력을 불어넣을 수 있습니다. 특히 연준의 정책 변화는 금리 인하, 양적완화와 같은 조치를 통해 금융시장에 큰 영향을 미치며, 이는 투자자들에게 심리적 안정감을 제공하고 시장에 긍정적인 신호를 보낼 수 있습니다.

따라서 현재 약세장 상황에서 투자자들은 다양한 경제지표와 중앙은행의 정책 동향을 면밀히 관찰하며 시장의 반등 가능성을 분석해야 합니다. 이를 통해 현재의 금융시장 상황을 보다 정확히 파악하고, 향후 투자 전략을 수립하는 데 필요한 근거를 마련할 수 있습니다. 이러한 분석은 시장의 변동성과 불확실성 속에서도 투자자들이 잠재적인 기회를 발견하고, 위험을 관리하며, 장기적으로 성공적인 투자 전략을 수립하는 데 중요한 역할을 할 것입니다.

과거 6개월 미만 짧은 약세장의 특징 및 주요 사례

2020년 약세장 : 코로나, S&P500 하락폭 -35%, 약세장 기간 1개월, 경기

침체 여부 ○

2020년 초 미국은 이미 경제 사이클의 위축기 국면에 진입한 상태였습니다. 이때 코로나19가 대유행하면서 급격한 경기침체와 디플레이션의 조짐이 나타났습니다. S&P500 지수는 1개월 사이에 약 35% 하락하며 약세장에 진입했습니다. 그러나 이에 따른 미국 연방준비제도와 미국 정부의 빠른 대응 덕분에 경기가 빠르게 개선되었습니다.

연준은 기준금리를 즉시 0~0.25%로 인하하고 무제한 양적완화를 시행하면서 경기침체에 대응했습니다. 미국 정부도 대규모 소득보전 정책을 시행하며 경제를 지원했습니다. 결과적으로 미국 경제는 빠르게 회복하면서 회복기 국면에 진입하였고, 미국 증시 또한 역대급으로 짧은 약세장 기간(1개월)을 기록하며 빠르게 반등하였습니다.

2018년 약세장 : 미·중 무역분쟁, S&P500 하락폭 -20%, 약세장 기간 3개월, 경기침체 여부 ×

2018년 미국은 미·중 무역분쟁으로 인한 불확실성과 경기둔화로 인해 어려운 상황을 겪었습니다. 2015년 12월 이후 연준의 기준금리 인상이 시작되었고, 이에 따라 미국 경제는 후퇴기 국면으로 진입했습니다. 더불어 2018년 초부터 나타난 미·중 무역분쟁은 미국 경제 둔화 폭을 더욱 커지게 만들었고, 인플레이션도 하락했습니다. 경기 사이클의 위축기 국면에 들어간 시점에서 S&P500 지수는 낙폭을 확대하며 약세장에 진입했습니다.

그러나 2019년 1월에 연준이 기준금리 인상 중단을 언급하면서 미국 증시는 저점을 찍고 반등했습니다. 연준은 실제로 기준금리 인상을 중단하고, 2019년 7월에는 레포 시장에서 단기금리가 급등하자 기준금리 인하를 시행했습니다. 이에 인플레이션은 저점을 찍고 반등하기 시작했습니다.

2011년 약세장 : 미국 신용등급 강등, S&P500 하락폭 -22%, 약세장 기간 5개월, 경기침체 여부 ○

2011년 미국은 글로벌 금융위기 이후 여전히 어려운 상황을 겪었습니다. 연준은 기준금리를 0~0.25%로 유지하고 양적완화를 시행했으며, 2010년 11월에 두 번째 양적완화를 시행했습니다. 이로 인해 인플레이션이 상승하기 시작했습니다.

인플레이션 상승과 함께 미국 경제는 위축기 국면에 진입하며 S&P500 지수는 하락하기 시작했습니다. 또한 2011년 8월에 세계 3대 신용평가회사 중 하나인 S&P는 미국 신용등급을 사상 최초로 최고 등급인 AAA에서 AA+로 강등했습니다. 이로 인해 S&P500 지수는 낙폭을 확대하며 약세장에 진입했습니다.

그러나 2011년 9월 이후 미국 경제는 회복기 국면에 진입하며 인플레이션은 하락하기 시작했습니다. 이후 미국 증시는 빠르게 반등했습니다.

1998년 약세장 : S&P500 하락폭 -22%, 약세장 기간 3개월, 경기침체 여부 ×

1998년 미국은 경기침체로 인해 어려운 시기를 겪었습니다. 연준은 1997년 3월부터 1998년 8월까지 기준금리를 5.25~5.5%로 높은 수준을 유지했습니다. 높은 기준금리로 인해 인플레이션은 안정된 수준을 보였습니다.

그러나 1997년 말에 미국 경기는 후퇴기 국면으로 진입하고, 1998년 7월에는 위축기 국면에 진입하게 되었습니다. S&P500 지수는 고점을 찍고 하락하기 시작했습니다. 경제가 빠르게 위축되자 연준은 1998년 9월에 기준금리 인하를 시행했습니다. 이로 인해 S&P500 지수는 빠르게 반등하기 시작했습니다.

1990년 약세장 : S&P500 하락폭 -20%, 약세장 기간 3개월, 경기침체 여부 ○

1990년 미국은 경기침체와 인플레이션 상승으로 인해 어려운 상황을 경험했습니다. 연준은 1987년 4월에 기준금리 인상을 시작하고, 1989년 5월에 미국 경제는 위축기 국면에 진입했습니다.

이후 연준은 기준금리 인하를 시행했지만 미국 경제는 회복기 국면에 진입하지 못했습니다. 인플레이션도 상승하기 시작하며, 1990년 7월에 미국은 경기침체에 빠지게 되었습니다. S&P500 지수도 고점을 찍고 하락하며 약세장에 진입했습니다. 그러나 1990년 10월 이후 연준은 기준금리를 계속해서 인하했고, 이로 인해 미국 경제는 회복기 국면에 진입했으며, S&P500 지수가 빠르게 반등했습니다.

1987년 약세장 : 블랙먼데이, S&P500 하락폭 -36%, 약세장 기간 2개월, 경기침체 여부 ○

1987년 S&P500 지수는 블랙먼데이로 인해 급격하게 2개월 동안 -36% 하락하면서 약세장에 진입했습니다. 그러나 1987년 10월에 연준이 기준금리를 큰 폭으로 인하하면서 미국 증시는 반등하기 시작했습니다. 경기가 위축됨에 따라 인플레이션도 고점을 찍고 하락했습니다. 짧은 약세장 뒤에는 미국 증시의 신속한 반등이 있었습니다.

과거 1년 이상 지속된 긴 약세장의 특징 및 주요 사례

2007~9년 약세장 : 금융위기, S&P500 하락폭 -58%, 약세장 기간 17개월, 경기침체 여부 ○

2004년 6월 연준의 기준금리 인상 사이클이 시작되면서 경제 판도에 중대한 변화가 일어났습니다. 이 금리 인상으로 인플레이션이 안정화되는 효과를 보였지만, 2006년 4월 미국 경제는 후퇴기로 접어들었습니다.

경제가 위축되는 상황에서 연준은 2007년 9월에 금리를 50bp 인하했지만 경제를 회복시키기에 충분하지 못했고, 2007년부터 2009

년까지 이어진 약세장은 글로벌 금융위기의 결과로 이어졌습니다. 이 기간 동안 S&P500 지수는 약 58% 하락했으며, 미국 경제는 심각한 경기침체 상태에 빠졌습니다.

금융위기의 주요 원인은 서브프라임 모기지 부실채권, 금융기관의 파산, 그리고 신용경색 현상이었습니다. 이 위기는 정부와 중앙은행의 대규모 개입으로 점차 극복되었으며, 특히 연준의 금리 인하와 양적완화 정책, 금융기관 구제 프로그램이 중요한 역할을 했습니다. 이 금융위기는 현대 금융사의 중대한 전환점으로 기록되었으며, 이후의 금융 규제, 시장의 위험 관리 방법, 경제 정책 결정 과정에 큰 영향을 끼쳤습니다.

2000~2년 약세장 : 닷컴버블, S&P500 하락폭 –51%, 약세장 기간 31개월, 경기침체 여부 ○

1990년 6월 연준은 경제에 중대한 영향을 미칠 기준금리 인상 사이클을 시작했습니다. 이 인상이 계속되면서 2000년 2월에는 미국 경제가 후퇴기에 진입했고, 같은 해 10월에는 위축기로 더욱 심화되었습니다.

이 시기에 S&P500 지수는 눈에 띄게 하락했습니다. 특히 2000~2년의 약세장은 닷컴버블의 붕괴와 밀접한 관련이 있습니다. 당시 S&P500 지수는 약 51% 하락했으며, 미국 경제는 31개월 동안 지속된 약세장을 경험하며 경기침체에 빠졌습니다.

닷컴버블은 1990년대 후반의 인터넷과 기술 관련 주식에 대한 과도한 낙관론과 투자 열풍에 의해 발생했습니다. 이러한 버블이 붕괴되면서 많은 기술 기업의 주가가 급락하고 일부는 파산에 이르렀습니다.

닷컴버블의 붕괴는 미국뿐만 아니라 전 세계적으로 기술 관련 주식시장에 큰 영향을 미쳤으며, 많은 기술 기업이 파산하거나 가치가 크게 하락했습니다. 이 사건은 기술 분야에 대한 투자와 기업가 정신에 대한 이해를 근본적으로 변화시켰으며, 이후 금융시장과 기술 산업에서의 위험 관리 및 투자 결정 방식에 중요한 영향을 미쳤습니다.

1980~2년 약세장 : 스태그플레이션, S&P500 하락폭 -28%, 약세장 기간 22개월, 경기침체 여부 ○

이 시기의 약세장은 스태그플레이션, 즉 높은 인플레이션과 경기침체가 동시에 발생하는 드문 현상으로 특징지어졌습니다. 이 기간 동안 S&P500 지수는 약 28% 하락했고, 약세장은 22개월간 지속되었습니다. 미국 경제는 높은 실업률과 물가상승률의 급증으로 어려움을 겪었습니다. 이 시기의 경제 상황은 오일쇼크, 재정정책 및 통화정책 변화, 글로벌 경제 상황의 변동 등 여러 원인에 의해 촉발되었습니다.

연준은 인플레이션 억제를 위해 고금리 정책을 시행했으나, 이는 단기적으로 경기침체를 심화시켰습니다. 이 약세장 이후 미국 경제는 점차 회복되어 1980년대 중반 이후 상당한 성장을 이루었습니다. 이 기간은 경제학자와 정책 입안자들에게 중요한 교훈과 연구 대상을 제공했습니다.

1973~4년 약세장 : 스태그플레이션, S&P500 하락폭 -50%, 약세장 기간 21개월, 경기침체 여부 ○

1973~4년의 약세장은 스태그플레이션, 즉 높은 인플레이션과 경기침체가 동시에 발생하면서 S&P500 지수가 약 50% 하락하는 결과를 초래했습니다. 21개월간 지속된 이 약세장의 주요 원인 중 하나는 1973년 오일쇼크로 에너지 가격 급등과 인플레이션을 촉발시켰습니다. 또한 연준의 금리 인상 정책이 경기침체를 더욱 심화시켰으며, 이로 인해 주식시장에 큰 영향을 미쳐 투자자들의 대량 매도와 주식 가격 급락을 가져왔습니다.

2022년 자산시장 움직임 점검 : 연준의 금리 인상과 유동성 밸류에이션 분석

2022년 미국 증시 조정의 주요 원인 중 하나는 연준의 금리 인상 정책이었습니다. 이는 1994년의 금융 사이클과 유사한 양상을 보였습니다. 당시와 마찬가지로 이번 금리 인상은 금융시장에서 불확실성을 증가시키며 증시 변동성을 확대했습니다.

1994년 연준은 물가를 신속하게 안정시키기 위해 급격한 금리 인상, 즉 '프론트 로딩' 전략을 사용했습니다. 이는 물가 안정 후 금리 인하로 이어졌으며, 경기침체 전에 이루어졌습니다. 이번 사이클에서도 물가가 연준의 목표 수준에 도달하면 금리 인하가 가능할 것입니다. 중요한 것은 물가 안정이 달성되기 전에 금융 리스크가 발생하지 않도록 하는 것입니다.

연준의 전통적인 금리 인상 방식은 점진적으로, 대개 회의마다 25bp씩 인상하는 '점진주의'입니다. 이는 경제에 대한 급격한 영향을 최소화하려는 전략이지만 투자자들을 너무 안심시켜 금융 버블을 촉발할 위험이 있습니다. 반면, 1994년과 1995년의 금리 인상 사이클은 예측 불가능한 수준으로 '무질서하게' 이루어졌습니다. 이 기간 동안 50bp 인상이 3회, 75bp 인상이 1회 있었는데, 이를 '급랭주의'라고 합니다. 이 기간은 경기침체로 이어지지 않고, 이후 주가가 우상향하며 긴 호황을 누렸습니다.

1994년의 사례는 금리 인상이 주가에 단기적으로 부정적 영향을 미칠 수 있지만 장기적으로는 금융시장의 건강을 회복시키고 지속적인 성장을 이끌 수 있음을 보여 줍니다. 2022년의 연준 금리 인상 역시 이러한 역사적 경험을 바탕으로 시장의 미래를 전망하는 데 중요한 참고 자료가 될 수 있습니다.

연준은 겸손하고 민첩한 정책으로 현재의 경제 상황에 대응하고자 노력하고 있으며, 투자자들도 이러한 변화에 빠르게 대응할 수 있는 전략을 고려해야 합니다. 연준의 통화정책이 빠르게 변화할 때(예를 들어 경제가 회복국면으로 진입하면서 기준금리가 인하될 때) 이러한 변화에 대한 기회를 잡을 수 있도록 노력해야 합니다.

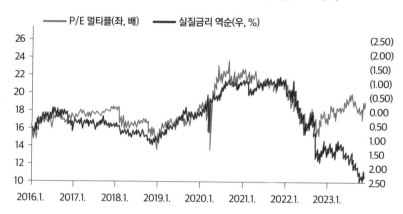

미국 10년 실질금리(TIPS) 역순 및 주가 멀티플(P/E) 추이

그리고 통화량 대비 주가 밸류에이션의 고평가와 연방준비제도의 유동성 긴축도 2022년 상반기 주가 조정에 핵심적인 역할을 했습니다. 2021년 12월 통화량M2 대비 S&P500의 시가총액 비율은 190%에 달해 금융위기 발발 전의 상황과 유사한 고평가 상태에 이르렀습니다. 이는 금융시장에 형성된 버블의 존재를 나타내는 중요한 지표로, 이후 연준의 유동성 긴축과 금리 인상은 이러한 버블의 급격한 붕괴를 촉발하는 요인이 되었습니다.

2022년 연방준비제도의 긴축정책 시작은 주식시장에 큰 변화를 가져왔습니다. 이와 함께 재무부의 국채 발행으로 인한 유동성 긴축, 즉 재무부 일반계정TGA을 통한 유동성 흡수는 주식시장의 버블 해소에 결정적인 역할을 했습니다.

투자자들은 앞으로 주식시장을 분석할 때 금융 긴축뿐만 아니라 유동성 및 통화량M2의 추이에도 주목해야 합니다. 통화량과 주가 밸

통화량 대비 주가 밸류에이션(M2 대비 S&P500 시총 추이)

— 연준 기준금리(좌, %)　— 미국 10년물(좌, %)
— 통화량 대비 주가 밸류에이션(우, pt)

류에이션 간의 비교를 통해 주식시장의 적정 가치를 평가하는 것은 중요한 통찰력을 제공합니다.

　금융시장에서의 통화량과 유동성 지표는 주가, 금리, 경제성장률 등 다양한 경제 변수들에 영향을 미치며, 특히 금융위기나 경제 불확실성의 시기에 중요한 역할을 합니다. 따라서 통화량을 포함한 유동성 지표들의 동향을 면밀히 분석하여 투자 전략을 수립하는 것이 필요합니다. 이는 유동성의 역할과 주가의 움직임을 이해하는 데 중요한 관점을 제공합니다.

2023년 자산시장 움직임 점검 :
상반기 반등과 하반기 조정의 경제적 요인과 전망

2023년 상반기 경제 상황은 세계 각국의 중앙은행과 미국 정부의 재정 부양 조치들에 크게 영향을 받았습니다. 2022년 10월부터 금융 시장은 중앙은행들의 유동성 긴축정책이 절정에 달했다고 인식하기 시작했고, 이러한 인식은 금융 안정에 대한 우려와 함께 강화되었습니다.

특히 미국을 비롯하여 영국과 일본 등 주요 중앙은행들의 정책 동조는 장기금리의 안정화를 촉진했습니다. 특히 미국 증시는 전 세계 투자자들의 참여를 받고 있어 연방준비제도뿐만 아니라 다른 국가들의 중앙은행 정책도 중요한 영향을 미칩니다.

2023년 상반기는 전 세계 중앙은행들이 완화적인 정책을 채택하고 디스인플레이션에 대한 기대가 커지는 시기였습니다. 이러한 상황은 특히 1월부터 나스닥을 포함한 주요 증시의 상승세를 이끌었습니다.

하지만 하반기로 넘어가면서, 특히 2023년 8~10월에 인플레이션 압력이 다시 강해지는 추세가 나타났습니다. 이것은 시장의 초점이 물가안정에서 다시 인플레이션 우려로 옮겨 가는 중대한 변화를 의미했습니다. 인플레이션의 상승 추세는 금리 인상의 가능성을 높이며, 이는 증권시장의 주가수익비율PER에 중요한 영향을 미쳤습니다. 이러한 변화는 투자자들에게 중요한 시그널로 작용하며, 향후 금융

시장의 동향을 예측하는 데 중요한 역할을 합니다.

상반기 미국 증시 반등 원인 : 중앙은행 정책과 재정 부양의 역할

2023년 상반기 증시의 반등을 분석하기 위해서는 2022년 4분기의 금융시장 상황을 살펴볼 필요가 있습니다. 당시 영국 국채시장의 불안정에 대응하여 영란은행은 장기국채를 무제한으로 매입하기 시작했습니다. 이와 병행하여 일본 중앙은행은 수익률 곡선 관리Yield Curve Control, YCC 정책을 통해 이자율을 조절하고 중앙은행의 자산총액을 유지했습니다. 이러한 조치들은 전 세계 금융시장의 안정을 도모하고 유동성 환경을 개선하는 데 중요한 역할을 했습니다. 이에 따라 미국 증시도 긍정적인 글로벌 환경 변화에 호응하며 저점에서 회복세를 나타내기 시작했습니다.

또한 2023년 3월 실리콘밸리은행의 파산 이슈에 대응하여 연준은 은행 기간 자금 조달 프로그램Bank Term Funding Program, BTFP을 통해 연준이 필요할 때 언제든지 유동성을 제공할 수 있다는 기대를 가질 수 있었습니다. 이러한 조치는 중앙은행의 완화적 정책 전환에 대한 기대감을 높이며 금융시장에 긍정적인 영향을 미쳤습니다. 이런 상황은 증시에 대한 투자자들의 신뢰를 회복시키고, 글로벌 금융 안정성에 기여하는 중요한 요소로 작용했습니다.

하지만 2023년 미국 증시가 추세적으로 반등할 수 있었던 이유는 주요 중앙은행들의 유동성 정책과 더불어 재개된 미국 정부의 재정 부양 정책인 것으로 평가됩니다. 특히 미국 정부의 대규모 재정 부양

···연준의 긴급대출(유동성 공급) 프로그램, BTFP···

2023년 3월, 실리콘밸리은행의 파산으로 인한 금융시장의 불안정성 증가에 대응하여 연방준비은행은 '은행 기간 자금 조달 프로그램(Bank Term Funding Program, BTFP)'을 도입했습니다. 이 프로그램은 금융시장의 불안을 완화하고 필요한 자금을 금융기관들에게 제공하는 것을 목적으로 합니다. BTFP는 특히 중소형은행과 같이 유동성 위기를 겪고 있는 기관들을 대상으로 하며 다양한 자산을 담보로 사용할 수 있는 장기 대출 기회를 제공합니다.

BTFP의 대출 조건은 최대 1년이며 은행들이 상대적으로 저렴한 자금을 이용할 수 있게 금리가 책정됩니다. 이 프로그램은 금융시장의 안정성을 증진시키고 필요한 경우 대출 기한을 연장할 수 있어, 은행들이 유동성을 필요한 만큼 확보할 수 있게 합니다. BTFP는 양적완화 정책과 유사한 효과를 가져와 금융 시스템에 추가적인 유동성을 제공하며 중앙은행의 금융 안정성 유지에 기여합니다.

이와 비교하여 재할인율은 주로 단기 유동성 문제 해결에 초점을 맞추며, 모든 금융기관이 이용할 수 있는 전통적인 지원 수단입니다. 재할인율은 짧은 기간(3개월)의 대출에 적용되는 반면, BTFP는 최대 1년 동안의 장기 대출을 제공하며, 특정 금융위기 상황에 대응하여 설계된 보다 유연한 자금 조달 프로그램입니다. BTFP는 금융시장과 경제의 안정성을 높이는 데 중요한 역할을 합니다.

조치는 연방준비제도의 긴축 기조에도 불구하고 미국 경제의 경기선행지수를 회복 국면으로 전환시키는 데 중요한 역할을 했습니다. 이러한 추세의 지속 여부는 향후 경제 전망에서 중요한 관심사입니다.

역사적으로 연준의 긴축 사이클에서 경기선행지수가 긍정적으로 전환된 사례는 드물었지만, 이번에는 미국 정부의 재정 부양이 GDP 성장과 경기선행지수의 긍정적인 전환에 큰 영향을 미쳤습니다. 이에 따라 많은 경제 전문가들과 글로벌 투자은행들은 미국의 경기침체 가능성을 재평가하고, 기업들의 이익 전망을 상향 조정하기 시작했습니다.

이러한 변화는 주식시장에서 대형 성장주를 중심으로 강한 상승세를 나타내는 결과를 초래했으며, 이는 연착륙 시나리오에 대한 기대감을 높이는 데 기여했습니다. 미국 정부의 적극적인 재정 부양과 경제지표의 긍정적 전환은 글로벌 시장에 긍정적인 영향을 미치며 투자자들의 신뢰를 회복시키는 요인으로 작용했습니다. 이러한 흐름을 지속적으로 모니터링하는 것은 향후 경제 및 금융시장의 방향성을 이해하는 데 중요합니다.

하반기 미국 증시 단기적 하락 : 재정적자 우려에 따른 불확실성 확대

2023년 하반기, 특히 8~10월의 미국 주가지수 하락은 다양한 경제적 요인과 금융시장의 복잡한 상황이 얽힌 결과였습니다. 이 시기의 하락은 특히 기준금리 인하에 대한 기대감의 소멸과 장기금리의 상승, 그리고 텀프리미엄에 대한 우려 확대로 인해 발생했습니다.

2023년 7월, 미국 재무부는 3분기에 대규모 국채 발행 계획을 발표하고 재무부 현금잔고TGA를 확충하기 시작했습니다. 이러한 경기 부양 조치와 함께 재정적자의 심화와 장기국채 발행의 증가는 시장에 큰 충격을 주었으며, 이는 텀프리미엄에 대한 우려를 더욱 확대시

페드 인사이트

켰습니다. 또한 당시 대규모 국채 발행에도 불구하고 지급준비금의 감소는 크지 않았고, 이는 시장이 연방준비제도의 긴축정책 강화를 예상하며 불안감을 증폭시켰습니다. 'Good is bad'라는 내러티브가 강해지면서 장기금리가 급격히 상승했습니다.

이러한 미국의 재정적자 심화와 장기국채 발행 증가, 채권시장의 기대치 되돌림은 주가 하락의 주요 원인으로 작용했습니다. 2023년 상반기까지 금융시장은 인플레이션 압력 감소를 예상하며 연준의 조기 금리 인하와 양적긴축의 축소 또는 종료를 기대했으나, 이러한 기대가 충족되지 않아 기대감은 실망감으로 바뀌며 불확실성이 증가했습니다.

결국 미국 재무부는 2023년 11월 초에 4분기 국채 발행량 조절을 시사하여 시장을 안정시켰고, 연준은 텀프리미엄이 과도하다는 발언으로 시장의 긴장을 완화시켰습니다. 당시 이러한 경제 상황과 정부의 대처 방안은 투자자들에게 새로운 도전과 기회를 제공했습니다. 앞으로도 연준의 통화정책과 미국 정부의 재정정책은 주가지수와 장기금리에 큰 영향을 미치므로 투자자들은 이를 지속적으로 주시하며 대응해야 합니다.

미국 경제의 미래 :
연준의 정책과 재정정책의 향방

미국의 경기 관리와 금융정책 :
현재와 미래의 상호작용

2021~23년의 미국 경제와 금융시장은 과거의 전형적인 경향과는 다른 방식으로 전개되었습니다. 이 기간 동안 발생한 주요 사건들은 경제 활동과 금융정책 사이의 복잡한 상호작용을 보여 줍니다.

2021년은 경제 부양과 회복의 시기로 기록됩니다. 미국 정부는 세수 증가와 강력한 부양책을 통해 경제를 지원했으며, 이는 주식시장의 강세와 함께 경제 회복 및 성장을 촉진했습니다.

2022년에는 연방준비제도의 긴축정책 시작이 금융시장에 큰 영향을 미쳤습니다. 연준의 금융 긴축과 유동성 축소는 주식시장을 냉각시켰고, 2022년 6월 S&P500 지수가 큰 폭으로 하락하며 약세장에 진입했습니다.

시장은 2023년에 경기침체가 발생할 것으로 예상했으나 주식시장은 강세를 보이며 이러한 예상을 뒤집었습니다. 이는 연준의 금융 긴축에도 불구하고 2022년 하반기부터 시작된 미국 정부의 대규모 재정 부양의 결과로 평가됩니다.

2023년 상반기 동안 지속된 재정 부양 조치는 하반기, 특히 8월부터 강도가 줄어들며, 2023년 하반기와 2024년 경제 전망에 대한 우려를 낳고 있습니다. 그러나 현재 미국 경제는 시장 상황에 맞추어 유동성을 조절하며 안정적인 경제 관리에 집중하고 있다고 보고 있습니다.

2024년의 미국 대선은 재정 부양 정책의 지속과 방향에 큰 영향을 미칠 것으로 보입니다. 현 바이든 정부는 재선을 목표로 하고 있

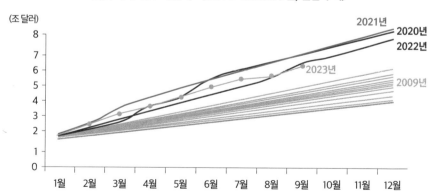

연간 미국 정부지출 추이(1970~2023년 9월, 월별 누적)

으며, 이를 위해 경제의 안정적인 성장이 필수적입니다. 이는 경제적 하강 또는 침체를 피하기 위한 정책 목표와 직결됩니다. 정치적 상황은 경제정책의 방향과 실행에 영향을 미칠 수 있으며, 이는 미국 경제와 금융시장의 미래에 중요한 영향을 미칠 것입니다.

이러한 맥락에서 정부와 연준의 경제정책, 특히 유동성 조절과 재정 부양 조치는 시장의 안정과 성장을 위해 중요한 역할을 합니다. 이러한 경제정책들의 진행은 미국 경제의 미래 전망뿐만 아니라 세계 경제에도 영향을 미칠 것입니다.

미국의 계획경제 시대에서 살아가는 방법 : 통화긴축과 재정 부양

1970년대 이후 미국 경제는 연평균 3.5%의 재정적자 추세를 보이며 연준의 긴축과 완화 사이클을 겪었습니다. 2023년 10월 기준으로 미국의 국가 부채는 33.5조 달러에 달하며 GDP 대비 120%를 초과하는 수준에 이르렀습니다. 이러한 과도한 부채 수준에 대한 우려는 일부 경제학자들 사이에서 비관적 전망으로 이어지고 있으며, 지속 가능하지 않은 재정 부양 정책에 대한 지적이 있습니다.

미국의 현재 상황은 통화정책의 긴축과 재정정책의 완화 사이에서 상충되는 경향을 보이고 있습니다. 역사적으로 재정 지출과 통화긴축이 동시에 이루어진 여러 시기(① 1970년대 ② 2004~6년 ③ 2017~18

년 ④ 2022년~현재 ⑤ 1994~95년) 중 1990년대의 '클린턴 시대'는 특히 주목할 만한 사례로 평가됩니다. 이 시기에 미국은 연평균 3.4%의 성장률을 기록했으며, 당시의 경제정책은 현재와 많은 유사성을 지니고 있습니다.

1990년대의 재정 부양 정책은 기존 시장 자본을 활용하는 전략이었으며, 이는 현재의 경제 상황과 비교 분석될 수 있는 중요한 참고점입니다. 이는 재정 부양보다는 재정 투자로 이해될 수 있으며, 주가지수의 상승을 가져왔지만 버블 여부의 판단은 어려웠습니다. 이 시기의 재정 부양 정책은 GDP 상승을 토대로 재정적자 비율을 줄이고 안정적인 성장을 통해 재정적자를 낮추는 방향으로 진행되었습니다.

현재 미국은 경기가 회복된 상황에서도 대규모 국채 발행을 계속

미국 GDP 대비 재정적자 추이

하고 있습니다. 이 자금은 역레포를 통해 끌어오며 과학기술, 반도체, 배터리 회사 등 특정 산업군이나 기업을 지원하는 데 사용되고 있습니다. 보조금이나 기타 지원을 통한 조달 비용 없이 자금을 확보하는 기업의 경우, 그들의 밸류에이션과 잠재적인 버블 여부에 대한 평가는 매우 복잡한 문제로 남습니다.

이러한 상황은 1990년대와 유사한 경제정책의 변화와 금융시장의 동향으로 해석될 수 있으며, 현재의 재정적자 상황이 미래에 흑자로 전환될 가능성을 고려해야 합니다. 투자자들은 미국 정부의 국채 발행 정책과 그 영향을 신중하게 고려해야 하며, 금융시장의 예측 불가능한 변동성에 대응해야 합니다. 이러한 정책의 영향은 투자 결정에서 중요한 고려사항으로 간주될 수 있습니다.

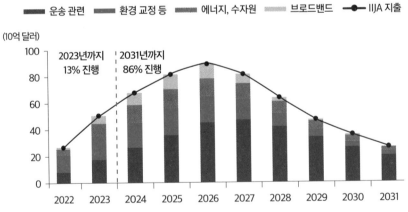

인프라 Act(2021년 11월 발효)

※ 2021년 인프라 투자 및 일자리법(IIJA) 발효에 따라 향후 10년간 도로, 철도, 상수도 등 사회적 생산 기반에 1조 달러를 투자할 예정

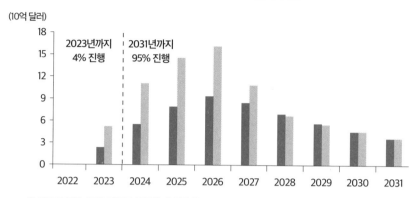

반도체 칩과 과학법(2022년 8월 발효)

■ CHIPS ACT 세출 전망   ▒ CHIPS ACT 재정적자 전망

※ 반도체 연구, 개발, 제조를 강화하기 위해 약 527억 달러 자금 지원
※ 과학기술 경쟁력을 강화하기 위해 양자 컴퓨팅, 인공지능, 바이오 기술 등 첨단 기술 분양에 연구 상용화 촉진. 2,300억 달러 지원

장기금리 상승 및 연준의 시장 개입 가능성

　1990년대와 유사한 경제성장 전략이 계속되는 가운데 미국 정부가 지속적으로 적자 국채를 발행할 경우, 장기금리 상승과 텀프리미엄 증가에 대한 우려가 커질 수 있습니다. 특히 2024년에 연준의 강력한 긴축정책에도 불구하고 경제성장률이 예상보다 높아질 경우, 이는 미국 장기국채금리의 상승 가능성을 다시 불러일으킬 위험이 있습니다. 이는 기준금리의 추가 인하 가능성을 낮추고, 궁극적으로 자산시장의 하락으로 이어질 위험이 있습니다.

그러나 장기금리가 통제 가능한 범위를 벗어나기 전에 연준과 재무부는 다시 한 번 시장에 선제적으로 개입할 가능성이 높아질 것으로 보입니다. 이러한 조치는 금융시장의 불안을 예방하고, 잠재적인 금융위기를 방지하는 데 중요한 역할을 할 것입니다. 연준의 이러한 개입은 미국 경제와 금융시장의 현재 상황 및 미래 전망을 파악하는 데 중요한 지표가 될 것입니다.

연준과 재무부는 시장 안정화를 위해 다양한 전략을 도입할 수 있는데, 이는 필요한 경우 시장에 적극적으로 개입할 준비가 되어 있음을 의미합니다. 특히 국채시장에서 유동성 문제가 생길 때 미국 정부와 연준이 어떤 정책적 대응을 할 수 있을지 주목해야 합니다. 연준과 재무부는 시장의 불확실성을 줄이기 위해 구두로 개입을 하고, 장기적인 시장 안정을 추구할 수 있습니다. 국채 바이백 프로그램을 활성화하거나, SLR와 같은 중요한 자본 규제를 재검토하여 은행들의 국채시장 참여를 장려할 수 있으며, 국제적 협력을 강화하여 글로벌 금융시장의 안정성을 높이는 방안도 고려할 수 있습니다.

연준의 시장 개입은 장기금리 상승의 부정적 영향을 완화하고, 시장에 안정성을 제공하는 데 중점을 둘 것입니다. 이러한 조치는 금융시장 참여자들에게 신뢰감을 주며, 투자 환경을 개선하는 데 기여할 수 있습니다. 연준의 이러한 선제적 조치는 불확실한 시장 상황에 대응하여 경제성장을 지속하고, 금융시장의 건전성을 유지하는 데 중요한 역할을 할 것입니다.

이러한 정책 대안들은 미국 국채시장의 유동성 부족 문제를 해결하고, 경제의 지속 가능한 성장과 금융 안정을 추진하는 데 중요한 역할을 할 것입니다. 이러한 정책들의 효과적인 실행은 금융시장의 변동성에 대응하고, 투자 결정에서 중요한 고려사항이 될 것입니다. 투자자들과 시장 분석가들은 연준의 정책 변화와 시장 개입 조치를 면밀히 주시하고, 이를 투자 전략에 반영해야 합니다.

미국의 국채 유동성 관리 : 해외 수요자 유치와 정책 조치의 중요성

2024년 상반기에 미국 경제가 직면할 수 있는 주요한 도전 중 하나는 국채시장의 유동성 문제입니다. 미국은 재정 부양을 중단하기보다는 안정적으로 국채를 매수해 줄 수 있는 해외 수요자를 찾는 전략을 취할 것으로 예상됩니다. 2023년 12월 FOMC에서의 긴축기조 완화와 같은 조치는, 표면적으로는 경제지표에 기반을 둔 결정으로 보이지만 실제로는 미국채 매수를 증가시키기 위한 전략적인 달러 약세 유도로 볼 수 있습니다. 이러한 조치는 국채 발행 증가에 따른 달러 강세의 부작용을 완화하고, 해외 투자자들이 미국 국채를 더 용이하게 매수할 수 있도록 하는 데 중요한 역할을 합니다.

2024년은 미국채 발행에 국제 협력의 강화가 예상되며, 이는 미국 국채시장의 유동성 문제 해결과 글로벌 경제의 지속 가능한 성장 및 금융 안정을 추진하는 데 중요한 역할을 할 것으로 보입니다. 과거 아시아 국가들, 특히 일본은 미국 국채의 주요 보유국이었으나, 최근 달러 강세로 인해 이들 국가의 미국 국채 비중이 줄어들고 있습니다.

이에 대응하여 미국은 글로벌 외환시장에서의 달러 강세를 완화하기 위한 조치를 고려하고 있습니다. 이러한 조치는 해외 중앙은행들의 미국 국채 매수를 촉진할 수 있습니다. 특히 아시아 통화의 안정화, 특히 엔화의 약세 진정이 중요할 것으로 보이며, 이는 일본 중앙은행과 같은 주요 국채 보유자들의 매수 수요를 증가시킬 수 있습니다.

미국은 2024년 상반기에 국채 발행이 증가함에 따라 완화적인 통화정책을 통해 달러의 강세를 조절하는 방안을 고려하고 있습니다. 이는 해외 투자자들에게 미국 국채 매수의 매력을 높여 줄 뿐만 아니라 국채시장의 안정성을 유지하는 데도 도움이 됩니다. 또한 미국은 국채시장 안정성 유지를 위해 다양한 국가와의 협상을 통해 새로운 국채 매수 국가를 확장하고자 합니다. 이러한 노력은 국채시장의 안정성을 더욱 강화하고 글로벌 금융시장에서 미국 국채의 중요성을 유지하는 데 기여를 할 것입니다.

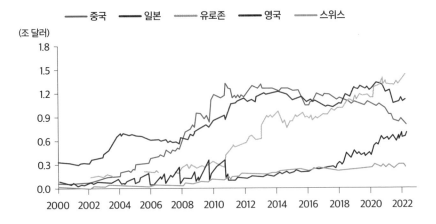

해외 중앙은행 미국채 보유금액 추이

이러한 접근 방법은 미국 국채시장의 유동성 문제를 효과적으로 관리하고 국채시장의 안정을 도모하는 데 중요한 역할을 할 것입니다. 국제 협력과 안정적인 정책 환경을 통한 해외 수요자 유치 노력은 국채시장의 안정성을 지속적으로 유지하는 데 필수적입니다.

미국 경제의 길목 : 연준과 재무부의 의도와 재정 지출의 새로운 역할

미국 경제의 방향성을 파악하기 위해서는 연준과 재무부의 의도를 이해하는 것이 중요합니다. 표면적으로 연준은 GDP의 둔화를 목표로 할 수 있으나 재무부의 입장은 명확하지 않습니다. 코로나19 팬데믹 기간을 제외하고, 현재 미국 정부의 재정수지는 역사적으로 높은 수준의 부양을 보여 줍니다. 특히 2022년 하반기부터 시작된 재정 부양의 특징은 성장률 둔화를 예측하며 선제적으로 재정적자를 확대한 것입니다.

일반적으로 재정적자/GDP의 비율은 3~4% 수준을 유지하며, 금융위기와 같은 특수한 상황이 발생해야만 10% 이상으로 집행되었습니다. 그러나 2023년의 경우, 6월(상반기) 기준에서도 이미 5.2%를 초과했고, 이는 2022년에 수립한 2023년 계획안을 초과한 상황이었습니다.

재정적자/명목 GDP 추이

	시작	끝	정부 지출	정부 수입	재정 적자	GDP (단위 : Tri)	지출/ GDP	재정적자/ GDP
FY06	2005.10.1.	2006.9.30.	3.8	3.5	-0.3	13.8	27.5%	-2.2%
FY07	2006.10.1.	2007.9.30.	3.9	3.7	-0.2	14.5	26.9%	-1.4%
FY08	2007.10.1.	2008.9.30.	4	3.4	-0.6	14.8	27.0%	-4.1%
FY09	2008.10.1.	2009.9.30.	4.8	2.9	-1.9	14.5	33.1%	-13.1%
FY10	2009.10.1.	2010.9.30.	4.6	2.9	-1.7	15	30.7%	-11.3%
FY11	2010.10.1.	2011.9.30.	4.7	3	-1.7	15.6	30.1%	-10.9%
FY12	2011.10.1.	2012.9.30.	4.5	3.1	-1.4	16.3	27.6%	-8.6%
FY13	2012.10.1.	2013.9.30.	4.3	3.5	-0.8	16.8	25.6%	-4.8%
FY14	2013.10.1.	2014.9.30.	4.3	3.7	-0.6	17.6	24.4%	-3.4%
FY15	2014.10.1.	2015.9.30.	4.6	4	-0.6	18.2	25.3%	-3.3%
FY16	2015.10.1.	2016.9.30.	4.7	4	-0.7	18.7	25.1%	-3.7%
FY17	2016.10.1.	2017.9.30.	4.7	3.9	-0.8	19.5	24.1%	-4.1%
FY18	2017.10.1.	2018.9.30.	4.8	3.9	-0.9	20.5	23.4%	-4.4%
FY19	2018.10.1.	2019.9.30.	5.1	4	-1.1	21.4	23.8%	-5.1%
FY20	2019.10.1.	2020.9.30.	7.3	3.8	-3.5	21.1	34.6%	-16.6%
FY21	2020.10.1.	2021.9.30.	7.4	4.4	-3	24.3	30.5%	-12.3%
FY22	2021.10.1.	2022.9.30.	6.4	4.9	-1.5	25.7	24.9%	-5.8%
FY23 (계획)	2022.10.1.	2023.9.30.	6.2	4.8	-1.4	27.1	22.9%	-5.2%
FY23 (실제)	2022.10.1.	2023.9.30.			-1.7	27.1		-6.3%

옐런 재무장관은 예일학파 학자 출신으로 '현재 경제성장률이 높게 유지되는 한 재정적자가 크게 문제되지 않는다.'는 입장을 지지하

고 있으며, 미국의 재정적자에 대한 시장의 과도한 우려를 지적하고 있습니다. 다만 재정 부양은 필요하고, 이러한 정부의 지출은 코로나 19 팬데믹 시기와 같이 무분별한 부양책이 아닌 미래 산업에 대한 투자의 형태로 이해해야 한다고 주장하고 있습니다.

2024년의 미국 GDP를 분석할 때 가장 중요한 것은 개인 소비보다 '정부지출' 내에 있는 '정부투자'가 될 것으로 여겨집니다. 이전과는 다르게 앞으로의 정부지출은 개인 소비를 촉진하기보다는 기업 투자를 촉진하는 방향으로 이루어질 것으로 예상되며, 이러한 변화는 미국 내 광범위한 기업 투자를 촉발할 것으로 예측됩니다.

현재의 재정 부양은 단순한 소비가 아닌 투자의 관점에서 이해해야 하며, 정부의 이러한 지출은 미국 경제의 성장을 주도하는 핵심

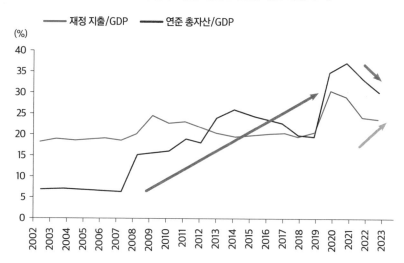

명목 GDP 대비 정부 재정 지출 & 연준 자산 비중 추이

요소 중 하나로 작용할 것입니다. 미국 경제가 앞으로 10년 동안 연준의 자산이 아닌 재무부의 재정으로 주도되는 계획경제의 성격을 가질 가능성이 높다는 점은 명목 GDP 대비 재정 지출과 연준 자산 비중의 추이를 통해 확인할 수 있을 것입니다. 이러한 변화는 투자자에게 새로운 기회와 도전을 제공하며 투자 전략을 새롭게 조정할 필

··· 경제성장률과 국가 부채 : 예일학파의 이론과 그에 대한 비판적 시각 ···

예일학파 경제학자들은 국가 경제성장률이 GDP 대비 재정적자 비율을 초과하는 경우, 경제가 안정적인 상태에 있다고 보는 이론을 제시했습니다. 이 이론의 핵심은 경제성장률이 재정적자 비율보다 높을 때, 높은 부채 수준이 경제에 해를 끼치지 않는다는 것입니다. 이들에 따르면, 경제성장률이 부채비율을 넘어서면 국가는 지속적으로 부채를 증가시켜도 GDP 대비 부채비율이 안정적으로 유지되거나 줄어들 수 있습니다. 이는 경제성장이 부채 상환 능력을 강화하기 때문입니다.

이 이론은 경제가 지속적으로 성장하면 국가의 신용도가 유지되거나 개선되어 낮은 이자율로 자금을 조달할 수 있게 되고, 이는 결국 부채 부담을 감소시키고 장기적인 금융 안정성을 촉진한다고 주장합니다. 요약하면, 예일학파는 경제성장률이 부채비율을 초과하는 한 높은 국가 부채 수준이 문제가 되지 않는다고 봅니다.

하지만 이에 대한 비판도 존재합니다. 비판자들은 이러한 접근이 과도한 부채를 정당화하고 장기적인 재정 위험을 과소평가할 수 있다고 주장합니다. 그들은 경제성장의 불확실성과 그 변동성을 강조하면서, 성장률이 GDP 대비 재정적자 비율을 언제나 초과하는 것이 보장되지 않음을 경고합니다.

요가 있음을 시사합니다.

미국 경제가 연착륙할 수도 있고 경착륙으로 이어질 수도 있기 때문에 연준의 통화정책, 기업의 실적 전망, 미국의 경제성장률 추이 등을 면밀히 주시하며 주가 움직임을 지속적으로 모니터링하는 것이 중요합니다. 재정 지출의 성공 여부는 미국 경제의 안정성과 성장에 결정적인 영향을 미칠 것입니다.

미국의 계획경제(작은정부→큰정부)라는 관점에서 재정정책을 생각해 보다

2023년 상반기까지 지속되었던 미국의 활발한 재정 지출이 하반기, 특히 2023년 8월 이후로 강도가 둔화되고 있습니다. 이는 재정부양의 미래에 대한 의문을 낳고 있습니다. 2023년 8월부터 재정 부양의 속도가 늦어졌지만, 이는 여전히 적자국채 발행을 통해 자금이 충전되고 있음을 의미합니다. 그러나 이 자금이 실물경제나 자산시장으로 방출되지 않고, 주로 재무부 현금잔고TGA에 보관되고 있는 상황입니다.

미국의 예산국CBO 자료에 따르면, 미국은 2023년부터 2033년까지 재정 지출을 6.4조 달러에서 9.3조 달러까지 확대하는 계획을 세우고 있습니다. 이에 따른 연간 집행 예산도 이미 확정된 상태입니다. 특히 미국의 GDP 성장을 촉진하는 의무 지출 계획은 2027년까지 더

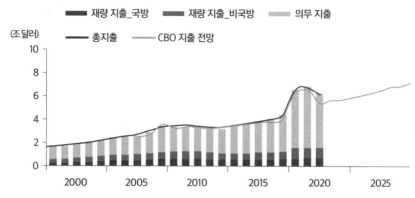

2031년까지 미국 정부 재정 집행 계획

■ 재량 지출_국방   ■ 재량 지출_비국방   ▨ 의무 지출

— 총지출   — CBO 지출 전망

의무 지출(재정 지출의 73% 수준)
- 인프라 법안 : 2023년까지 13% 집행(2031년까지 86% 배정)
- 반도체 칩과 과학법(반도체 & 과학기술) : 2023년까지 4% 집행(2031년까지 95% 배정)
- IRA 법안(인플레 감축) : 2026년까지 적자폭 확대

재량 지출(재정 지출의 27% 수준)
- 매년 10월 의회에서 결정
- 국방(14%), 비국방(13%)으로 구분
- 셧다운을 가정한다면 재정 지출의 비국방(13% 수준) 부문만 충격을 받음

※ 출처 : CBO 미국 의회 예산국

욱 집중될 예정입니다. 물론 2024년 대선 결과에 따라 재정집행 대상이 변경될 수 있지만, 이러한 자금 집행 계획 자체는 공화당과 민주당 중 어느 당이 승리하든 간에 진행될 가능성이 높습니다.

미국의 재정 지출 방향과 강도는 연준의 통화정책 변화와 함께 미국 경제의 안정성과 성장에 상당한 영향을 미칠 것으로 전망됩니다. 특히 2024년에는 연준의 금융 긴축 정책이 경제에 영향을 미치면서 일부 경제학자들은 경기침체를 예상하고 있습니다.

그러나 만약 경기침체의 징후가 나타난다면 미국 정부는 대규모 현금잔고TGA 방출과 같은 재정 부양 조치를 재개할 가능성이 높습니다. 이러한 부양 조치는 반도체, 과학기술, 인프라와 같은 미국 정부가 중점을 두고 있는 전략적 확장 산업에 집중될 것으로 보입니다. 이러한 특정 산업에 대한 집중적인 재정 투자는 미국의 경제성장률을 높이는 동시에 물가를 자극하지 않는 방향으로 나아갈 수 있습니다.

미국의 재정 부양 정책은 자산시장과 경제 전반에 중대한 파급 효과를 일으킬 수 있으며, 이러한 변화와 정책에 대한 신중한 분석과 모니터링이 필요합니다. 또한 금융 및 경제 관계자들은 이러한 상황을 주시하고 대응하는 데 주의를 기울여야 합니다.

미국의 유동성 관리 :
연준과 정부의 협력으로 펼쳐지는
유동성 관리 전략

미국의 유동성 확대 전략 :
경제 상호작용의 이해와 단기채권 발행의 역할

미국 경제 전략의 핵심은 화폐 공급의 제어, 화폐 유통 속도의 촉진을 통한 유동성 확대에 있으며, 이를 통해 경제성장의 촉진을 추진하는 중입니다. 이 과정에서 단기채권의 발행은 미국 내에서 유동성을 증가시키는 중요한 역할을 하고 있습니다.

2023년 미국 정부가 재정 부양을 목적으로 시행한 대규모 단기채권 발행은 최종적으로 나라 안의 총통화량인 광의 유동성 확대의 중요한 동인이 되었습니다. 첫째로, 단기채권은 장기채권에 비해 보통 더 높은 담보 가치를 가집니다. 이는 장기채권이 가격 변동과 할인율에 더 많이 영향을 받기 때문입니다. 둘째로, 단기채권 발행은 장기채권에 비해 화폐의 유통 속도를 높일 수 있습니다. 단기채권이 더 유동적이기 때문에 시장 내에서 자금이 더 빠르게 이동할 수 있어 경제성장을 촉진할 수 있습니다.

물론 채권 발행과 관련된 시중의 유동성 긴축 효과가 자주 강조되는데, 이는 채권 발행으로 나타나는 일시적인 시장의 유동성 축소 현상을 의미합니다. 결국은 채권 발행을 통해 조달된 자금은 정부지출로 이어지고, 이는 시장에 유동성을 공급하는 효과로 나타납니다. 미국의 경우 채권 발행으로 인해 전 세계적으로 자금이 유입되며, 정부지출은 주로 내수에 사용됩니다. 이는 통화량 지표만으로는 완전히 이해할 수 없는 현상입니다.

통화량과 유동성 사이의 주된 차이는 포함하는 자산의 종류와 유동성의 정도에 있습니다. 통화지표는 일상 거래에 즉시 사용할 수 있는 가장 유동적인 자산에 중점을 두고, 유동성 지표는 경제 시스템 전체에서 유동성을 더 넓게 측정하고자 하는 노력으로 다양한 종류의 금융 자산을 포함합니다. 이 두 지표는 경제정책 결정, 통화정책 설정, 그리고 경제 상황 분석에서 중요한 역할을 합니다.

이러한 정책은 경제성장과 금융 안정을 도모할 수 있는 잠재력을 지니지만, 물가 상승과 금융 시장 불안정성 증가라는 리스크도 동반합니다. 이에 따라 미국은 국채 발행을 무분별하게 진행하기보다는 자금 조달 계획 수립 시 만기별 국채의 비중을 유연하게 조절하고,

조달된 자금의 사용은 경제 상황과 인플레이션 추이를 고려하여 신중하게 집행될 것으로 보입니다.

다만 이러한 통화량 증가 없는 유동성 확대 정책은 자국 경제성장에는 긍정적인 영향을 미칠 수 있으나, 신흥 국가나 지원을 받지 못하는 산업 부문의 성장에는 부정적인 영향을 줄 수 있습니다. 특히 높은 금리로 인해 영향을 받는 국가나 산업, 그렇지 않은 곳 사이의 주식 가격 차이는 더욱 확대될 가능성이 있습니다. 같은 섹터 내에서도 주거용 대비 상업용 부동산, 페라리 대비 포드/GM의 주가 차별화가 뚜렷해지고 있습니다.

TGA와 RRP를 활용한
미국의 유동성 관리 전략

미국의 유동성 관리 방식은 2021년 하반기부터 특히 두드러졌습니다. 이때 역레포RRP와 재무부 현금잔고TGA가 급격하게 채워지며 시중 유동성이 빠르게 줄어들었습니다. 이러한 조치는 2022년 주식시장에 큰 영향을 미쳤고 S&P500 지수는 20% 이상 하락하며 약세장에 빠졌습니다.

2022년 하반기부터 2023년 상반기에 걸쳐 미국 경제는 경착륙의 위험에 직면했습니다. 이 시기에 연방준비제도는 금리 인상을 시행했으나, 재무부는 2022년 5월부터 TGA 자금을 활용해 경제 부양에 나섰습니다. 이는 TGA 잔고 감소와 추가적인 시장 유동성을 제공하는 결과를 낳았고, 주가와 경제 전망에 긍정적인 영향을 미쳤습니다. 연준의 긴축정책에도 불구하고 경제가 반등하고 주가가 상승하여 약세장에서 벗어났습니다.

이 과정에서 재무부는 TGA 계좌 내 현금을 대량 방출하였고, 2023년 2분기 말에는 TGA 자금의 고갈 우려가 제기되었습니다. 이를 해결하기 위해 RRP의 역할이 중요해졌고, 2023년 하반기에는 대규모 국채 발행을 통해 TGA 자금을 충전하는 동안 RRP를 활용하여 시중 유동성 위축을 방어했습니다. 재무부의 TGA 잔고 감소와 RRP의 활용은 연준의 양적긴축과 기준금리 인상에도 불구하고 시중의 순 유동성을 효과적으로 방어하는 전략으로 평가됩니다.

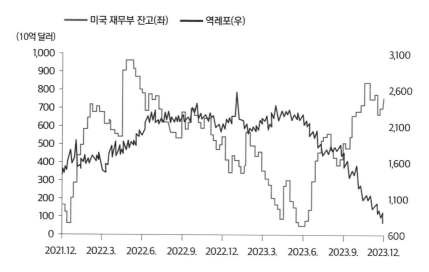

재무부 현금잔고 & 연준 역레포 잔고

이러한 상황은 TGA와 RRP를 통해 필요한 유동성을 적절하게 관리하고 미국 경제 및 금융시장에 안정을 제공하는 미국 정부의 전략을 보여 줍니다. 유동성 관리의 이러한 전략은 미국 정부가 경제 상황에 따라 필요한 자금을 확보하고 방출할 수 있는 능력을 강조합니다. 이는 미국 경제의 안정성과 회복력을 높이는 데 중요한 역할을 하며, 글로벌 경제에서의 미국의 지위와 영향력을 강화하는 데 기여합니다. 이러한 전략은 다른 국가들에게도 중요한 시사점을 제공하며, 글로벌 금융시장의 안정에 기여하는 중요한 요소로 작용합니다.

앞으로 유동성 계좌는 어떻게 활용될까?

미래의 경제 상황을 예측하는 것은 항상 복잡한 일이지만 연방준비제도와 미국 정부의 이전 유동성 관리 전략을 분석해 볼 때 긴축정책을 시행하면서도 유동성 충격을 최소화하는 방향으로 나아갈 것으로 예상됩니다.

2023년 12월 기준, 미국 재무부는 약 8,000억 달러에 달하는 재무부 현금잔고TGA를 2024년 1분기 말까지 유지할 계획이라고 발표했습니다. 동시에 역레포RRP에는 약 1조 달러가 축적되어 있습니다.

미국 연방준비제도와 재무부는 2023년 4분기부터 2024년 1분기에 걸쳐 발행될 적자국채 물량과 양적긴축으로 인한 유동성 감소분을 RRP 자금 방출을 통해 시장의 유동성 충격을 완화시키려는 계획을 갖고 있습니다. 이러한 조치는 재무부가 미국 정부의 재정정책을 효과적으로 관리하고 경기 부양 등의 정책을 조정하는 데 중요한 역할을 합니다.

역레포 자금을 활용하여 적자국채 발행자금을 끌어오기 위해서는 단기 금융시장에서 1개월짜리 미국 국채(단기금리)를 역레포 금리보다 높게 유지하는 전략이 중요합니다. 이는 연준이 '고금리 장기화 Higher for Longer' 정책을 지속적으로 언급하는 이유 중 하나입니다. 이러한 협력은 유동성 긴축에 따른 경기침체의 위험을 줄이는 데 중요한 역할을 하며, 이는 지급준비금 축소를 최소화하는 데 기여합니다.

참고로 단기금리의 급격한 하락은 경기침체의 전조로 여겨집니다. 이에 따라 시장 참가자들은 안정성을 찾아 단기국채와 같은 안전자산으로 자금을 이동시킬 수 있습니다. 이는 시장 유동성이 단기국채로 집중되게 하며, 경기침체 가능성을 높일 수 있습니다. 결정적으로 1개월 국채금리가 역레포 금리보다 낮을 경우 역레포에 축적된 자금을 시중으로 끌어오는 것이 어려워집니다.

따라서 미국 정부와 연준은 다양한 도구와 전략을 통해 경제와 금융시장의 안정을 유지하고 유동성 리스크를 관리하는 데 필요한 조치를 취할 것으로 예상됩니다. 이러한 전략적 접근은 경제 상황에 따라 변화하며 미국 경제의 안정성과 회복력을 지속적으로 강화하는 데 기여할 것입니다.

미국 단기채권 금리와 유동성 관리 : 고금리 장기화의 중요성

　부채한도 협상 이후 미국의 단기재정증권(단기국채) 발행 및 관리는 금융시장에서 중요한 관찰 포인트가 됩니다. 특히 부채한도가 인상된 후 현금잔고TGA가 어떻게 충전되는지, 그리고 1개월 미국 국채 금리와 역레포RRP 금리 간의 스프레드 변화를 면밀히 관찰하는 것이 중요합니다.

　스프레드가 양수일 경우 역레포 자금이 시장으로 방출되고 있는 것으로 해석될 수 있습니다. 이는 단기국채T-bill 발행량을 소화하는 데 사용될 수 있으며, 이러한 상황은 시장의 순 유동성을 긴축시키지 않고 주식시장의 강세를 유지할 가능성을 시사합니다.

　반대로 부채한도가 인상되어 TGA가 증가하는 상황인데, 만약 역레포 금리가 국채금리보다 높다면, 즉 스프레드가 음수일 경우에는 머니마켓펀드MMF의 자금이 국채 매수보다 더 높은 금리를 제공하는 RRP로 이동할 가능성이 높아집니다. 이 경우 시장의 순 유동성은 긴축되는 상황으로 전환될 수 있으며, 주식시장은 유동성 긴축에 따른 하락장으로 이동할 가능성이 큽니다.

　이러한 유동성의 흐름과 금융시장의 반응은 복잡하고 이해하기 어려운 부분이지만, 시장의 방향성을 예측하고 투자 전략을 세우는 데 매우 중요합니다. 이에 따라 투자자들은 연준과 재무부의 정책 변화와 시장 유동성의 변화를 주의 깊게 살펴보고, 이를 바탕으로 신중

미국채 1개월 금리 – 역레포 금리 스프레드

T-bill(1개월) > RRP(역레포) 금리 : MMFs(역레포)에서 시중으로 자금이 방출되며, 순 유동성 하락 방어

T-bill(1개월) < RRP(역레포) 금리 : MMFs(역레포)로 시중의 자금이 유입되며, 순 유동성 긴축 가속화

한 투자 결정을 내려야 합니다. 이러한 분석과 예측은 금융시장에서 성공적인 투자 결정을 내리는 데 필수적인 요소로 작용합니다.

역레포와 지급준비금 감소 :
미국 재무부와 연준의 유동성 관리 전략

역레포RRP의 역할과 그것이 은행 지급준비금에 미치는 영향에 대해 살펴보면 역레포의 증가가 은행 지급준비금 감소에 어떻게 기여하는지 이해하는 것이 중요합니다. 역레포의 주요 사용자인 머니마켓펀드MMF가 은행 시스템 내의 예금이나 채권 거래 대신 역레포에 자금을 예치한다면 지급준비금은 빠르게 하락할 수 있습니다.

2023년 하반기, 미국 재무부는 국채 발행을 통해 대규모 자금을 조달해야 하는 상황에 처했습니다. 이 시기에 은행의 지급준비금이 소진될 경우 유동성 경색이 발생할 수 있다는 우려가 있었습니다. 이러한 배경에서 연준은 미국의 기준금리를 5.5%로 인상하면서 '고금리 장기화' 정책을 강조했습니다. 이 정책은 1개월물 단기 재정증권의 금리가 역레포 금리(기준금리 하단 + 5bp)보다 높게 유지되는 데 중요한 역할을 했습니다. 이를 통해 재무부는 적자국채 발행분을 역레포 자금에서 성공적으로 끌어오는 데 기여했습니다.

이 과정에서 미국 재무부는 현금잔고TGA를 충전하는 데 은행 지급준비금 대신 역레포 계좌의 자금을 활용했습니다. 역레포 자금이 줄어들면서 시중에 유동성 부족 현상이 발생하자 재무부는 TGA를 방출하여 시장에 유동성을 공급하는 방식을 취했습니다.

이러한 조치들은 미국 경제 및 금융시장에 상당한 영향을 미칠 것으로 예상됩니다. 연준과 재무부가 긴밀히 협력하여 유동성을 적절하게 관리한다면 시장의 연착륙을 유도할 수 있을 것으로 보입니다. 그러나 이러한 전략은 인플레이션의 안정화라는 전제 하에 세워진 시나리오이며, 인플레이션 안정화의 성공 여부는 앞으로도 지속적인 관찰과 분석이 필요한 부분입니다.

연착륙 vs 경착륙
가능성 점검 :
미래 시나리오에 대비하는 전략

미국 경기의 연착륙 가능성과
주식시장 전망

미국 주식시장이 긍정적인 전망을 보이려면 연착륙 시나리오에 맞는 몇 가지 중요한 요인이 고려되어야 합니다. 과거의 경험을 통해 볼 때 연준의 통화정책이 특히 중요한 역할을 합니다. 연준은 기준금리를 물가수준 이상으로 운용하면서 물가를 점진적으로 하락시켜 나가야 하며, 이러한 정책 변화가 주가 상승에 기여할 수 있습니다.

미국의 기업들은 현재 건전한 재무 상태를 유지하고 있는데, 이는 기업들이 경기침체에 견딜 수 있는 능력을 의미합니다. 이러한 건전한 재무 상태가 주식시장에 긍정적인 영향을 미칠 수 있습니다.

미국 경기는 여러 요인에 영향을 받습니다. 고강도 통화긴축 정책의 여파가 앞으로 실물경제에 영향을 미칠 것으로 전망되지만 몇 가지 긍정적인 측면도 고려해야 합니다.

먼저, 코로나 이전과 대비해서 미국 경기는 여전히 풍부한 유동성을 가지고 있습니다. 이는 연준 긴축속도 조절과 정부의 대규모 재정 부양 정책으로 인한 결과입니다.

특히 정부의 재정 부양이 기업 투자에 긍정적인 영향을 미치고 있으며, 소비자 신뢰도도 높은 수준을 유지하고 있습니다. 또한 G20 국가들과 한국, 미국의 경기선행지수가 턴어라운드를 보이고 있으며, GDP 역시 상승 추세를 지속하고 있습니다. 이러한 지표들은 경기둔화(연착륙) 가능성이 완만하게 상승하는 상황을 시사합니다.

또한 글로벌 정세와 미국의 경제 주체들의 펀더멘털 상태도 고려해야 합니다. 미국은 세계 최대의 경제 대국 중 하나로서 글로벌 경제와 금융시장에 큰 영향을 미칩니다. 따라서 미국 경기가 견고하게 유지되는 것은 세계 경제에도 긍정적인 영향을 미칠 수 있습니다.

하지만 이러한 긍정적인 측면과 함께 미국 경기의 미래에 대한 불확실성도 존재합니다. 다만 미국 정부는 인플레이션 통제와 같은 중요한 경제적 과제들을 효과적으로 관리하고 있으며, 이는 경제의 안정성에 기여하고 있습니다. 또한 미국 정부는 금융 리스크, 특히 뱅크런과 같은 위험 요소들을 선제적으로 통제하는 데 성공하고 있습니다. 이러한 조치들은 경제의 불확실성을 최소화하는 데 중요한 역할을 하고 있습니다.

요약하면, 미국 주식시장의 긍정적인 발전을 위해서는 연준의 통화정책, 기업의 재무 건전성, 인플레이션 관리, 금융시장의 안정성 등 다양한 요인이 고려되어야 합니다. 이러한 조건들이 충족될 경우 주식시장은 긍정적인 방향으로 나아갈 가능성이 있습니다.

하이일드 채권의 도전 : 경제 불확실성과 리파이낸싱 리스크

2024년이 다가오면서 하이일드 채권시장은 여러 도전에 직면하고 있습니다. 현재 경제 전망의 불확실성은 기업들의 신용 위험과 금융시장의 유동성 문제를 증가시키고 있으며, 이는 특히 하이일드 채권의 디폴트 리스크를 높이는 요인으로 작용하고 있습니다.

경기침체의 가능성이 증가함에 따라 기업들의 수익성 감소와 부채 서비스 비용의 증가가 예상됩니다. 이러한 경제 상황은 기업들에게 재무적 압박을 가하고, 이는 하이일드 채권시장에서의 디폴트 위험을 증가시킬 수 있습니다. 불안정한 경제 상황에서 투자자들은 위험자산보다는 안전자산을 선호하게 되며, 이는 하이일드 채권시장에서 유동성 위기를 초래할 수 있습니다.

2024~25년에 예상되는 기업 부채의 만기 도래는 상당한 리파이낸싱의 필요성을 야기합니다. 이는 높은 금리 환경에서 기업들에게 상

2024~25년 정크본드(하이일드 채권) 월별 만기 도래 일정

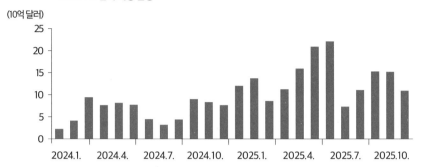

당한 재무적 부담을 가할 수 있으며, 금융시장에 압력을 가할 것으로 보입니다.

시장은 2024년 상반기 이후 미국의 기준금리 인하가 시작될 것으로 예상하고 있으며, 이는 물가 둔화와 함께 여러 차례의 금리 인하를 포함할 것으로 전망됩니다. 이러한 전망은 장기금리의 안정화와 함께 소프트랜딩 시나리오를 반영하고 있으며, 이는 하이일드 채권 리파이낸싱 사이클이 상대적으로 순조롭게 진행될 가능성을 제시합니다.

투자자들은 이러한 상황에서 금리 동향과 기업 부채의 리파이낸싱 상황을 면밀히 분석하고, 시장 변화에 따라 투자 전략을 신중하게 조정해야 합니다. 이는 금융시장의 변화에 민감하게 반응하고, 기업의 재무 상황을 고려하여 유연하게 대응할 수 있는 전략적 접근이 필요함을 의미합니다. 이러한 접근 방식은 투자자들이 경제 변동성과 금융시장의 불확실성 속에서도 안정적인 수익을 추구할 수 있도록 도와줄 것입니다.

경제 불확실성 시대의 투자 전략 : 디플레이션과 경착륙에 대비하는 방법

만약 경착륙과 함께 디플레이션 상황이 발생한다면 투자자들은 어떻게 대응해야 할까요? 우선 미국 제조업 부문의 경제 활동을 평가하는 ISM 제조업 지수Manufacturing PMI의 움직임을 살펴보는 것이 중요합니다. ISM 지수가 바닥을 찍고 상승하는 시점은 주식시장의 바닥일 가능성이 큽니다. 기업 이익이 증가하기 시작할 때 주식을 매수하는 것은 시장의 후행지표에 불과합니다. ISM 지수가 전달 대비 상승하고 추세적으로 바닥을 다지고 있다면 주식을 늘릴 타이밍으로 판단할 수 있습니다.

그러나 ISM 지표는 1개월 단위로 발표되기 때문에 매일 시장을 확인하며 신속하게 대응하기에는 다소 시차가 발생할 수 있습니다. 보다 빠른 신호를 얻기 위해서는 기대인플레이션 지수, 즉 BEI 지수를 살펴볼 필요가 있습니다.

BEI 지수는 금융위기나 코로나19 같은 큰 경제위기 시에 디플레이션 리스크가 커지면서 하락합니다. 하지만 어느 순간부터 상승하기 시작하는데, 이는 기대인플레이션이 회복되고 있다는 신호입니다. 이런 상황에서는 주식 가격이 단기간 내려갈 수 있지만, 결국 기대인플레이션이 살아날 경우 주식을 저점 매수할 좋은 기회라고 볼 수 있습니다. 디플레이션 상황에서 기대인플레이션이 상승하는 경우 주식의 롱(매수) 포지션을 유지하는 것이 유리합니다.

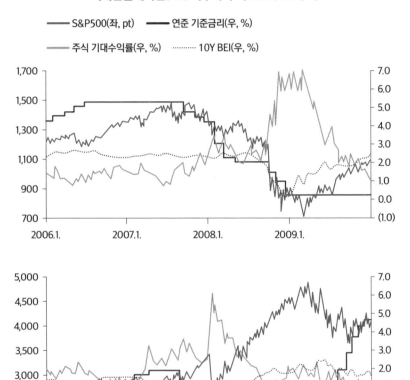

기대인플레이션(BEI) 지수와 주가 S&P500 추이

※ 자료 : 2023년 3월 삼프로 발표 자료

페드 인사이트

따라서 경착륙으로 디플레이션 상황에 진입한다면 BEI 지수를 주의 깊게 관찰하는 것이 중요합니다. BEI 지수가 상승하면 연준의 양적완화가 미국 실질금리 안정화에 투입되고 있다는 신호일 수 있으며, 이때가 주식 매수의 적기일 수 있습니다.

다만 현재 경제 상황은 아직 디플레이션 국면에 진입하지 않았으며, 기대인플레이션 역시 높은 수준을 유지하고 있습니다. 이러한 상황에서 '바이 더 딥Buy the Dip' 전략을 적용하는 것은 시기상조일 수 있습니다. 시장 참여자들에게는 시장 동향을 주의 깊게 관찰하고, 경제지표의 변화에 따라 투자 전략을 신중하게 조정하는 접근이 필요합니다.

경제 사이클 성공을 위한 핵심 전략 :
물가 둔화 기조 여부와
적절한 재정 부양

미국 기준금리 인상 종료와
주식시장 단기적 안정 가능성

단기적 관점에서 현재 주식시장을 분석해 보면 추가적인 금융 긴축의 불확실성이 완화될 경우 과거 경험을 바탕으로 금리 인상 사이클의 종료와 함께 낙관적인 연착륙 전망이 우세해질 것으로 보입니다. 이는 주식시장의 반등을 기대할 수 있는 상황을 의미합니다. 특히 장기금리의 안정화는 이러한 전망에서 중요한 요소로 작용합니다.

미국에서 추가 긴축정책의 종료 징후가 보일 경우 고금리가 경제에 영향을 미치기 전에 주식 가격이 오를 가능성이 있습니다. 역사적으로 금리 인상 사이클이 끝나고 이후 금리가 동결될 때 S&P500 지수가 20~30% 상승한 사례가 있었습니다. 이러한 데이터는 현 금리 상황이 주식시장에 미칠 영향을 예측하는 데 도움이 됩니다.

현재 미국의 기준금리가 5.5%에 이르고, 10년 만기 장기금리가 3.7~5.0% 범위인 상황에서 인플레이션과 정크본드 문제 해결 여부는 중요한 의문으로 남아 있습니다. 과도한 긴축은 경제 회복을 방해할 수 있으며, 너무 완화적인 정책은 기대인플레이션을 증가시킬 수 있습니다. 이에 따라 연방준비제도는 급격한 경제성장이나 침체를 피하고자 할 것입니다. 이는 시장이 지속적인 상승보다는 변동성을 수반하는 우상향 추세로 나아갈 가능성이 높음을 의미합니다.

이러한 상황에서 투자자들은 금융시장 동향과 미국의 정책 결정을 세심하게 주시하고, 이를 바탕으로 투자 결정을 내리는 것이 중요합니다. 이러한 전략적 접근은 변동성이 큰 시장 환경에서 투자자들이 유연하게 대응하는 데 도움이 될 것입니다.

2024년 핵심 키워드 :
재정 부양 지속성, 적정 지급준비금, TGA 자금 방향성

이번 경제 사이클에서 자산시장을 분석할 때 고려해야 할 핵심 요소로는 재정 부양의 지속성, 적정 지급준비금의 안정성, 그리고 재무부 현금잔고TGA 자금의 방향성을 들 수 있습니다.

현재 미국의 재정적자 확대 속도가 높은 것은 사실이지만 이번 재정 지출의 성격은 과거 경제위기 대응용 재정 지출과 달리, 1990년대 클린턴 정부 시대의 경제성장을 목표로 한 재정 투자의 성격을 갖고 있습니다. 이는 현재의 재정적자 확대가 단순히 위기 대응이 아니라 경제성장을 촉진하기 위한 전략적인 재정 투자로 볼 수 있음을 의미합니다. 이러한 재정 투자는 장기적인 경제성장을 위한 전략으로서 중요한 역할을 할 것으로 보입니다.

경제 사이클에서 중요한 요소 중 하나는 은행 시스템의 지급준비금 수준입니다. 적정 수준의 지급준비금은 금융시장의 안정성을 유지하는 데 중요하며, 이는 금융위기나 시장의 급격한 변동성에 대응하는 데 필수적인 요소입니다.

마지막으로 TGA 자금의 운용 방향은 미국 재무부의 재정정책과 긴밀히 연관되어 있으며, 이는 국가 재정의 건전성과 시장 유동성에 직접적인 영향을 미칩니다. TGA 자금의 흐름을 주시하는 것은 경제 전반의 유동성 관리와 투자 전략을 수립하는 데 중요한 지표가 될 수 있습니다.

이러한 측면들을 고려할 때 투자자들은 현재의 경제정책과 재정적자 동향을 면밀히 분석하고, 이를 바탕으로 장기적인 경제성장과 투자 기회를 포착하는 전략을 수립해야 합니다. 이는 투자자들이 변동성 있는 시장 환경에서 유연하게 대응하고 안정적인 수익을 추구하는 데 도움이 될 것입니다.

미국 재정 부양의 재개 : 인플레이션 중립화와 경기 방향성

재정 부양의 재개가 예상되는 2024년 상반기에는 몇 가지 중요한 요인이 고려되어야 합니다. 인플레이션 중립화 시기와 실물경제에서 경기침체의 신호가 나타나는 시기에 재정 부양의 속도가 강화될 것으로 보입니다. 2023년 하반기부터 재무부 현금잔고TGA에 국채 발행분의 대부분을 충전하는 것도 이러한 전망의 일부로 볼 수 있습니다.

2024년 1분기부터 인플레이션 중립화와 경제성장의 둔화 추세가 시작될 것으로 예상되며, 이 시기에 TGA의 사용은 경기침체를 예방하기 위한 수준에서 이루어질 것으로 보입니다. 이는 물가와 경제의 강한 리바운드를 유발하는 수준은 아니지만, 경제의 안정성을 유지하고 경기침체를 예방하는 데 중요한 역할을 할 것으로 예상됩니다.

그러나 TGA의 방출은 과도한 경제 활성화를 목표로 하지 않기 때문에 경제에 큰 자극을 주는 것은 아닐 것으로 보입니다. 이는 미국 경제가 현재 겪고 있는 도전과 기회에 대한 신중한 접근으로 해석될 수 있으며, 투자자들은 이러한 정책적 변화를 주시하고 그에 따라 자신의 투자 전략을 수립하는 것이 중요합니다.

2024년에 대한 소비자물가지수CPI와 미국 경제성장률의 전망은 중요한 경제지표로서의 역할을 합니다. 2024년 CPI 추정치는 인플레이션 둔화 기조가 상반기에도 계속될 가능성이 높다는 전망을 반영하고 있습니다. 이는 물가상승률의 안정화를 나타내며, 경제 및 금융시장에 중요한 정보를 제공합니다. 또한 연방공개시장위원회FOMC

는 2023년 12월에 이전 분기의 예상치에 비해 경제 전망을 하향 조정했습니다. 이는 연준이 지속해 온 강력한 긴축정책이 2024년부터 실물경제에 점진적으로 영향을 미칠 것을 암시합니다. 즉 미국 경제의 성장 속도가 느려질 가능성을 시사하며, 경제적 불확실성과 변동성에 대비하는 전략을 세우는 데 정책 입안자와 투자자들에게 중요한 지침이 될 것입니다.

미국 CPI 전망 추정치(기준점 : 2023년 11월)

CPI 추정	MoM −0.1_YoY	MoM 0_YoY	MoM 0.1_YoY	MoM 0.2_YoY	MoM 0.3_YoY	MoM 0.4_YoY
10/23	3.24	3.24	3.24	3.24	3.24	3.24
11/23	2.92	3.02	3.45	3.55	3.66	3.76
12/23	2.68	2.89	3.87	4.08	4.29	4.49
1/24	2.05	2.36	3.15	3.46	3.77	4.08
2/24	1.57	1.98	2.68	3.09	3.50	3.92
3/24	1.42	1.93	2.44	2.96	3.47	3.99
4/24	0.94	1.55	2.03	2.64	3.26	3.88
5/24	0.72	1.43	1.88	2.59	3.31	4.03
6/24	0.44	1.24	1.65	2.46	3.29	4.11
7/24	0.17	1.07	1.56	2.47	3.40	4.33
8/24	−0.56	0.44	1.22	2.23	3.26	4.29
9/24	−1.05	0.04	1.07	2.18	3.31	4.45
10/24	−1.19	0.00	1.21	2.43	3.66	4.91

※ 미국 월간(MoM) 물가 변화에 따른 연간 물가상승률(YoY) 추정치

연준 GDP 전망치 변화(12월 FOMC)

구분		2021년 GDP 성장률	2022년 GDP 성장률	2023년 GDP 성장률	2024년 GDP 성장률
2020년	12월 전망치	4.2			
2021년	3월 전망치	6.5			
	6월 전망치	7			
	9월 전망치	5.9			
	12월 전망치	5.5	4		
2022년	3월 전망치		2.8		
	6월 전망치		1.7		
	9월 전망치		0.2		
	12월 전망치		0.5	0.5	
2023년	3월 전망치			0.4	
	6월 전망치			1	
	9월 전망치			2.1	1.5
	12월 전망치			2.6	1.4
실제 성장률		5.9	2.1	2.5	

※ 연준은 FOMC 회의 시마다(분기 단위), 당해 연도 미국 실질 성장률 전망치를 지속적으로 변경

미국의 지급준비금과 유동성 : 안정성과 미래 전망

과거 사례를 통해 볼 때 지급준비금이 일정 수준 이하로 떨어지면 단기시장에 경색이 발생할 수 있음이 확인됩니다. 특히 2018년 레포 시장에서 발생한 경색 상황은 이러한 사례 중 하나입니다. 이는 적정 수준의 지급준비금 유지가 시장 안정성에 매우 중요함을 시사합니다.

크리스토퍼 월러 연방준비제도 이사는 지급준비금뿐만 아니라 역레포RRP도 시장의 유동성을 반영하는 중요한 요소임을 강조했습니다. 그는 지급준비금과 역레포의 합산을 적정 지급준비금으로 보고, 이를 GDP 대비 약 8~10%로 유지해야 한다고 제안했습니다. 현재 추세에 따르면 2024년 상반기 중에 RRP가 대부분 소진될 것이며, 이로 인해 적정 지급준비금 수준이 GDP 대비 10% 이하로 떨어질 가능성이 높습니다.

이러한 상황은 초과 잉여 유동성의 감소를 의미하며, 이는 경기둔화가 빠르게 진행될 수 있음을 시사합니다. 역레포 자금의 완전 소진은 연준의 '고금리 장기화' 정책의 근거가 약해질 수 있음을 의미하며, 이는 연준이 양적긴축 종료나 기준금리 인하를 검토할 수 있는

연준 적정 지급준비금/명목 GDP 비율

단계로 접어들 수 있음을 나타냅니다.

이러한 상황은 투자자와 경제 분석가들에게 중요한 신호를 제공합니다. 연준의 정책 방향과 시장 유동성의 변화는 경제 전망과 금융 시장에 큰 영향을 미칠 수 있으며, 이는 향후 경제 및 시장 동향을 예측하는 데 중요한 역할을 합니다.

따라서 시장 참가자들은 이러한 변화를 면밀히 관찰하고, 그에 따른 전략을 수립하는 것이 중요합니다. 이는 투자자들이 변동성 있는 시장 환경에서 유연하게 대응하고 안정적인 수익을 추구하는 데 도움이 될 것입니다.

미국의 TGA 방향성 : 충전에서 방출로, 경기 전망에 주목

2023년 6월부터의 경제 상황을 분석해 보면 부채한도 협상 이후 대규모 미국채 발행으로 재무부 현금잔고TGA가 충전되었습니다. 이에 따라 연방준비제도와 재무부는 역레포 자금을 활용하여 시중 유동성의 급격한 축소를 효과적으로 방어했습니다.

이번 재정 부양은 과거의 금융위기나 코로나 시기와는 다른 양상을 보였습니다. 과거에는 경제성장률 둔화 이후 재정적자를 확대했던 것과 달리, 이번에는 성장률 둔화 가능성이 높아질 시점부터 미리 재정적자 확대를 통해 경제를 진작시켰습니다. 특히 2023년 하반기부터는 재정 집행보다는 적자국채 발행분을 TGA에 충전하며 미래에 대한 대비를 했습니다.

정부가 채권을 발행하는 주된 목적은 자금 사용을 위해서입니다.

2024년 상반기 중 역레포 소진 이후에는 유동성이 급격히 감소할 가능성이 있으며, 이는 경제의 침체로 이어질 수 있습니다. 이 시기에 미국 정부는 대규모 TGA 방출을 통해 재정 부양에 나설 것으로 예상되며, 이는 앞으로 미국 경제를 지탱해 줄 수 있는 특정 산업에 집중될 가능성이 높습니다.

이러한 정책은 자국 경제의 성장을 도모하는 한편, 신흥국 및 지원을 받지 못하는 산업 분야의 성장을 저해할 가능성이 있습니다. 이로 인해 전체적인 주가지수는 안정적으로 유지될 수 있으나 국가별 및 산업별로 성장의 불균형이 더욱 심화될 수 있습니다.

미국 정부는 앞으로 10년 동안 제조업 육성, 특히 반도체, 과학기술, 인프라 등의 특정 산업을 위한 정부 주도 계획경제로 나아갈 가능성이 높습니다. 가령 챗GPT와 같은 인공지능AI과 같은 기술 혁신들이 경제성장률을 다시 증가시킬 수 있는 힘이 있다면, 미국은 인플레이션을 효과적으로 낮추면서도 안정적인 성장률을 유지하는 '소프트랜딩' 가능성이 높아질 것입니다.

이러한 배경에서 연준과 재무부의 계획경제 플랜이 성공한다면 2024년에는 물가 완화와 함께 경기침체가 아닌 점진적 경기둔화를 통한 연착륙이 가능해질 것으로 보입니다. 연준과 재무부의 정책이 국가 전략에 도움을 주는 방향으로 움직일 것으로 예상되며, 이는 미국 경제에 중요한 영향을 미칠 것으로 보입니다. 이러한 상황은 투자자들에게 미국 경제의 방향성에 대한 중요한 신호를 제공하며, 그에 따라 투자 전략을 수립하는 데 중요한 참고 자료가 될 것입니다.

미국 정부가 물가 안정화에 실패한다면?
과거 사례를 통한 전망

제 예상 시나리오와 다르게 현재의 미국 경제가 1980년대와 유사한 시나리오로 진행된다면 과도한 재정적자와 유동성이 물가 안정화에 실패하고 물가의 2차 상승을 초래할 수 있습니다. 이 경우 장기금리가 다시 상승할 가능성이 있으며, 이는 여러 경제적 영향을 미칠수 있습니다.

1979년부터 1980년대에 이르는 높은 인플레이션 시기는 주로 1979년의 이란-이라크 전쟁과 연계된 2차 오일쇼크로 인해 발생했습니다. 연방준비제도는 인플레이션을 억제하기 위해 통화 긴축정

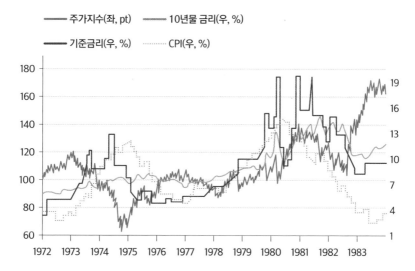

오일쇼크 기간 연준 기준금리 및 주가지수 추이

책을 강화했으나, 이는 경제에 상당한 영향을 끼쳤습니다.

레이건 정부 하에서의 감세 법안과 국방 지출 확대는 경제성장을 목적으로 했으나 동시에 정부 적자를 증가시켰습니다. 이러한 정책은 경제에 복잡한 영향을 끼쳤으며, 이는 금리 급등과 경기침체로 이어졌습니다.

현재의 경제 상황에서도 과도한 재정적자를 통한 유동성 공급으로 물가 안정화에 실패할 경우 유사한 시나리오가 재현될 수 있습니다. 이는 장기금리의 상승으로 이어질 수 있으며 경제에 긴축적 영향을 미칠 수 있습니다. 이러한 상황은 주식시장에 높은 변동성을 가져올 수 있으며 투자자들에게 도전적인 환경을 조성할 수 있습니다.

따라서 1980년대 미국 경제의 사례는 현재 경제 상황을 분석하고 미래 경제 변동에 대비하는 데 중요한 교훈을 제공해 줍니다. 연준의 통화정책, 정부의 재정정책, 시장의 반응을 분석함으로써 투자자들은 경제 동향을 더 잘 이해하고 향후 발생할 수 있는 경제 변동에 대비하는 전략을 수립할 수 있습니다.

매크로 경제 전망 :
이번 긴축 사이클의 마무리는
아름다울 수 있을까?

미래를 향한 여정 :
미국 재정 부양 우려와 경제성장의 미래

2023년 3분기 미국 시장 상황은 적자국채 발행으로 인한 시장 유동성 긴축이 진행 중입니다. 이로 인해 장기국채금리가 상승하고 주식시장에 부정적인 영향을 미치고 있습니다. 경제학자들과 일부 시장 참가자들은 대규모 적자국채 발행으로 인한 재정 부양에 대해 우려를 표현하고 있습니다.

그러나 옐런 재무장관은 현재 경제성장률이 높게 유지된다면 재정적자가 크게 문제되지 않는다는 입장을 밝히며 미국의 재정적자에 대한 시장의 과도한 우려를 비판합니다. 그녀는 현재 재정 부양이 필요하며, 이러한 정부의 지출은 코로나19 시기와 같은 무분별한 부양책이 아닌 미래 산업에 대한 투자 형태로 이해해야 한다고 강조합니다.

연준은 재무부의 목표와 같을 수도 있고 다를 수도 있습니다. 즉 물가를 자극하지 않는다면 재무부의 계획에 협조할 가능성이 높습니다. 이번 재정 부양은 과거와 다르게 성장률이 침체로 빠진 이후가 아니라 둔화할 가능성이 더 커질 때부터 재정적자폭을 확대하며 경제성장을 견인하고 있습니다. 이는 상당히 계획적이고 과감한 정책으로 평가되고 있습니다.

미국 정부는 2023년 상반기까지 국채 발행을 통한 자금을 대부분 재정 부양에 사용했습니다. 하지만 하반기에는 조달한 자금의 대부분을 재무부 현금잔고TGA에 충전해 두고 있습니다.

2024년은 상반기 역레포 소진 및 하반기 미국 대선 등을 감안할 때 TGA에 쌓인 유동성이 시장으로 대규모로 방출될 가능성이 높을 것으로 전망됩니다. 특히 물가의 기조 효과가 중립화되고 실물경기에서 경기침체 신호가 나오는 시기에는 더욱 과감한 재정 지출이 예상됩니다.

이번 재정 부양의 특징은 과거의 경제위기를 막기 위한 재정 지출과는 다르며 경제성장을 목표로 하는 재정 투자의 성격을 띠고 있습니다. 재정 투자로 명목 GDP가 높은 성장률을 유지한다면 재정적자에 대한 시장의 우려는 점차 감소할 것으로 예상됩니다.

2024년 상반기는 인플레이션 기저 효과가 중립화되는 기간으로 디스인플레이션 기조가 이어질 가능성이 높지만, 예상 밖의 전쟁 확산에 따른 국제 유가 상승 등 연준의 통제를 벗어난 요인으로 인한 유가발 인플레이션이 재점화될 가능성도 존재합니다.

이러한 상황에서는 통화완화 정책이 제한될 수 있으며, 이로 인해 금융시장 불안정성이 증가할 수 있으므로 주의가 필요합니다. 이러한 변화와 상황을 주시하며 투자 결정을 내리는 것이 중요합니다.

연준과 재무부의 정책 간 상호작용 : 국채시장과 장기금리 이해의 중요성

2023년 12월 FOMC 회의에서 연방준비제도가 기준금리 인하를 검토한 배경에는 표면적인 경제성장 둔화와 과잉 긴축 우려 이외에도, 국채시장 특히 장기금리에 대한 깊은 이해가 중요한 역할을 했습니다. 연준은 팬데믹 기간 동안 확대된 대차대조표 축소 정책을 시행하고 있으며, 이는 시장 유동성 감소와 경제 안정을 목적으로 합니다.

반면, 재무부는 재정적자 확대를 진행 중인데, 이는 주로 인프라 투자, 과학기술 발전 및 사회복지 증진과 같은 정부지출 증가와 연관됩니다. 이에 따라 추가적인 국채 발행이 이루어지고 국채 공급 증가로 이어집니다.

국채 공급 증가는 수요 부족 시 금리 상승 압력을 초래할 수 있습니다. 따라서 재무부 정책의 성공을 위해서는 강력한 국채 수요가 필요한데, 이는 주로 국내외 투자자들에 의해 이루어집니다. 하지만 강한 긴축이 지속될 경우 주요 외국 투자자들이 미국 국채에 대한 추가 매수를 하지 않거나 매도할 수 있습니다.

연준과 재무부 사이에서 적절한 장기금리 수준에 대한 견해는 다를 수 있습니다. 연준은 주로 물가 안정과 고용 최대화를 목표로 하며, 이에 따라 특정한 금리 정책을 선호합니다. 반면, 재무부는 경제성장 촉진을 우선시하며, 이 목표는 때로 연준이 선호하는 금리 수준과 상충될 수 있습니다. 이러한 차이는 정책 결정 과정에서 중요한 변수로 작용하며, 두 기관의 목표 사이에서 균형을 찾는 것이 중요합니다.

장기금리 수준의 적정성을 판단할 때 연준의 금리정책과 재무부의 재정정책이 경제성장이나 물가에 과도한 영향을 미치지 않는지 주의 깊게 평가해야 합니다. 급격한 금리 상승은 경제 회복에 부정적 영향을 미치고, 금리 하락은 기대인플레이션을 상승시킬 수 있습니다.

연준과 재무부의 정책은 미국 경제에 중대한 영향을 미치며, 그들의 결정은 국채시장과 글로벌 금융시장에 직접적인 영향을 줍니다. 이러한 복잡한 상황에서 투자자들은 경제적, 금융적 요소를 종합적으로 고려하여 균형 잡힌 접근 방식을 취해야 합니다. 이는 투자자와 정책 입안자 모두에게 중요한 정보를 제공하며, 경제 변화와 시장의 미래 방향성에 대한 통찰력을 제공합니다.

미국 재정 지출과
주식시장

2023년 3분기에 뜨거웠던 미국 경제가 최근 2023년 11월 GDP NOW 데이터를 중심으로 성장률이 둔화되는 추세를 보이고 있습니다. 이는 미국 정부가 의도한 결과로 보입니다. 재무부가 3분기에 재정 지출을 하지 않고 현금잔고TGA를 충전만 했던 이유는 물가의 기저 효과를 고려한 조치로 보입니다.

연말부터 시작될 재정 지출로 인해 2024년 1분기에는 GDP 성장이 다시 나타날 것으로 예상됩니다. 미국 경제가 둔화에서 침체로 넘어가는 우려가 커질 때, 즉 2024년 1분기에 GDP 성장이 다시 나타날 것으로 전망됩니다.

내년 물가 중립화 시기부터는 자금 집행, 즉 재정 지출 및 TGA 방출이 크게 늘어날 것으로 예상합니다. 현재 미국 경제와 금융시장에는 물가 상승과 금융시장의 변동성이 큰 영향을 미치며, 미국의 재정 정책이 중요한 역할을 하고 있습니다.

최근 1년 이상 지속된 고강도 통화정책에도 불구하고 미국 경제는 여전히 성장세를 유지하고 있습니다. 이러한 성장세의 주요 요인 중 하나는 정부의 재정 지출입니다. 앞으로는 정부의 재정 지출이 미국 GDP 성장의 주요한 부분을 이끌 것으로 전망됩니다. 특히 연준이 자산 축소로 나아가는 시기에는 재정 지출의 역할이 더욱 중요해질 것입니다.

미국의 예산국Congressional Budget Office, CBO 보고에 따르면 앞으로 10년 간 재정 지출 계획이 2023년의 6.4조 달러에서 2033년까지 9.3조 달러로 확대될 예정입니다. 이러한 지출 증가는 미국 경제의 GDP 성장에 긍정적인 영향을 미칠 것으로 예상되며, 연준의 통화정책 변화와 함께 미국 경제의 안정성과 성장에 중요한 동력이 될 것으로 기대됩니다.

따라서 재정 지출의 증가는 미국 경제와 금융시장에 대한 투자자들의 믿음과 신뢰를 높일 것으로 예상되며, 이는 미국 주식시장을 지지하고 성장세를 뒷받침할 것으로 보입니다.

이러한 요인들을 종합적으로 고려할 때 중기적으로는 미국의 재정 부양이 성공할 경우 주식시장의 반등이 예상되지만, 부양을 위해서 적자국채는 필연적으로 뒤따르므로 지속적인 상승보다는 2023년 하반기와 유사한 장세, 즉 울퉁불퉁한 상승장이 되지 않을까 조심스럽게 전망합니다.

다만 시장 상황은 매번 바뀔 수 있다는 점을 명심하기 바랍니다. 따라서 향후 미국의 경제지표와 국제적인 영향을 주의 깊게 모니터링하고, 시장 변동에 대비하는 전략을 마련하는 것이 중요합니다.

실물시장과 자산시장 :
금리에 대한 서로 다른 반응과 경기 전망

실물시장과 자산시장은 금리에 대한 서로 다른 반응 양상을 보입니다. 실물시장은 금리의 높은 수준에 민감하게 반응하는 반면, 자산시장은 금리의 변동성, 즉 방향성에 더 큰 영향을 받는 경향이 있습니다.

자산시장의 경우 추가적인 금리 인상이 없고, 장기금리가 고점을 지나면 유동성이 자산시장으로 빠르게 이동할 가능성이 있습니다. 이는 자산시장이 현재의 고금리 수준에 적응을 마치고, 향후 금리 하락 가능성에 민감하게 반응하기 때문입니다.

반면, 실물시장, 특히 부동산 시장과 정크본드 시장은 다르게 반응합니다. 금리가 하락하더라도 고금리 상태가 장기화되면 부실화 위험이 증가합니다. 과거 데이터에 따르면 금리 인하 시기는 종종 실제 위기 상황과 일치했습니다. 이는 연준의 금리 인하가 이미 위험한 상황에 대응하기 위한 조치였기 때문입니다.

실물시장에 대한 중요한 질문은 '고금리가 장기화된다면 시장은 어떤 영향을 받을까?'입니다. 고금리가 지속되면 실물시장은 체력에 따라 일정 기간 버틸 수 있으나 결국 위험에 처할 가능성이 더 높습니다.

다만 미국 정부, 특히 바이든 행정부는 경기침체 신호가 나타날 경우 선제적으로 재정 부양을 할 가능성이 높습니다. 이미 현금잔고

TGA에 자금을 마련해 둔 것도 이러한 준비의 일환으로 볼 수 있습니다. 이러한 정책적 접근은 실물시장에 중요한 영향을 미칠 것으로 예상됩니다.

이러한 상황은 투자자들에게 실물시장과 자산시장의 다양한 동향을 면밀히 모니터링하고, 이에 맞는 적절한 투자 전략을 수립하는 것이 중요함을 시사합니다. 시장의 변동성과 정부의 정책적 대응을 고려한 신중한 접근이 필요합니다.

경제 예측의 오류 :
전문가 의견과 실제 경제 변화의 간극

과연 2024년에 물가의 재반등이나 강한 경기침체를 예상하는 전문가들 의견이 맞을까요?

2024년에 2차 물가 재반등이나 강한 경기침체를 예상하는 전문가들의 의견은 다양한 시나리오 중 하나일 뿐입니다. 위기는 종종 예상하지 못한 순간에 찾아옵니다. 만약 위기를 예상할 수 있다면 사람들은 그에 대비하고 있을 것이고, 그런 상황은 진정한 의미의 위기라고 할 수 없습니다.

미국 정부 관계자와 연방준비제도의 결정권자들도 마찬가지로 공무원입니다. 공무원들은 대개 세상이 갑작스럽게 크게 변하지 않는 것이 이상적이라고 생각하며, 이러한 가정하에 정책을 수립합니다.

투자에서도 이와 유사한 접근 방식이 요구됩니다. 따라서 투자자들은 시장이 완만하게 상승할 것이라는 전망을 기본 시나리오로 삼고, 그에 맞추어 투자 전략을 수립하는 것이 현명합니다. 투자자로서의 우리 임무는 매크로 전망을 바탕으로 미래의 자산 흐름을 예측하고 이에 준비하는 것입니다. 현재의 경제지표는 중요하지만 더욱 중요한 것은 미래에 대한 다각적인 심도 있는 분석입니다. 이를 위해 다양한 경제, 정치, 사회적 요소들을 고려하여 미래 시나리오를 구축하고, 이에 기반을 둔 투자 전략을 마련하는 것이 중요합니다.

금융시장의 움직임은 일정한 흐름과 패턴을 가지지만 세부적으로는 항상 차이를 보입니다. 이는 과거의 사건과 경제 상황에 따라 유사한 반응을 보이지만, 시간이 지남에 따라 변화하는 변수들로 인해 완전히 동일하게 반복되지는 않는다는 것입니다. 투자자는 과거의 시장 패턴을 연구하고 이해함으로써 미래의 시장 움직임에 대한 통찰력을 얻을 수 있습니다. 그러나 동시에 현재의 경제 상황, 글로벌 이벤트, 시장 심리 등을 고려하여 과거의 패턴이 현재와 어떻게 다를 수 있는지도 분석해야 합니다.

이러한 접근 방식은 투자자가 시장의 기회를 포착하고 위험을 관리하는 데 도움이 됩니다. 시장의 움직임을 예측하는 것은 완벽한 과학이 아니며, 항상 불확실성이 존재합니다. 따라서 과거의 패턴과 현재의 상황을 종합적으로 분석함으로써 투자자는 보다 정보에 기반을 둔 결정을 내리고 잠재적인 시장 변화에 대비할 수 있습니다.

어쩌면 시장 자체는 본래의 경로를 따라 움직이고 있는데, 오직 투자자들의 심리만 변동을 겪는 상황일 수 있습니다. 미래는 예측하기 어렵지만 다양한 가능성을 염두에 두고 유연하게 대응하는 것이 중요합니다. 이러한 접근은 투자자가 불확실한 시장 환경에서도 안정적인 수익을 추구하고 위험을 최소화하는 데 도움이 될 것입니다.

전문가의 예측력

- 경제성장률에 대한 '전문 예측가 서베이'는 1968년 이후 절반 가까이 예측구간을 벗어나 있었다.
- 1990년대에 전 세계적인 경기후퇴가 60차례 있었는데 경제 전문가들이 한 해 앞서서 경기후퇴를 예측한 경우는 딱 두 차례뿐이다.
- 경기선행지수조차도 불과 2개월 뒤에 닥칠 경기후퇴를 예측하지 못하기 일쑤였다.
- 2007년 12월 연준 FOMC 회의에서 경기후퇴란 단어는 보이지 않았다.
- 경제는 대기처럼 역동적인 체계이기 때문에 예측이 어렵다. 모든 게 나머지 모든 것에 영향을 미치는 것이다.
- 어떤 전문가가 예측을 할 때 자신감의 양은 예측의 정확도를 측정하는 좋은 지표가 아니다.

-『신호와 소음』 중에서

생각의 지평을 넓히다 :
글로벌
매크로 투자의 세계로

여기에서는 글로벌 매크로 투자 이론을 기반으로 자산 투자에 대한 개인적인 생각을 다룹니다. 이를 통해 독자들이 자신만의 투자 철학을 발전시키고, 매크로 경제지표를 효과적으로 활용하여 자산 시장의 동향을 이해하고 전략을 수립하는 데 필요한 통찰을 얻을 수 있기를 바랍니다.

글로벌 매크로 투자 전략은 전쟁 전략과 유사한 면이 많습니다. 전쟁터에서 적의 전략이 변하면 우리의 전술도 그에 맞추어 조정해야 하는 것처럼 매크로 경제 환경의 변화는 시장 전망과 투자 전략을 재조정하게 만듭니다.

여기에서 다루는 내용은 투자자들이 현 경제 환경을 분석하고 그에 맞는 전략을 세우는 방법을 제공해 줍니다. 단순히 결론을 내리는 것이 아니라 투자 과정과 사고방식을 탐구하는 데 중점을 두었습니다. 이를 통해 투자자들은 자신만의 독창적이고 효과적인 투자 스타일을 개발하고 확립하는 데 도움을 받을 수 있을 것입니다. 또한 매크로 경제와 자산 투자에 관심 있는 모든 사람에게 소중한 지침서가 될 것입니다.

과거를 보면 연준도 앞으로 일어날 일을 알지 못할뿐더러 뱉은 말도 지키지 못합니다. 그 사실은 앞으로도 변함이 없을 것입니다. 급변하는 매크로 환경에서 연준도 투자자도 모두 유연한 자세가 필요합니다.

『손자병법』에 "전쟁은 속임수다. 가까운 곳을 노리면서 적에게는

먼 곳을 노리는 것처럼 보이게 하고, 먼 곳을 노리면서 적에게는 가까운 곳을 노리는 것처럼 보이게 하라."라는 말이 있습니다. 이와 마찬가지로 글로벌 매크로 투자 전략에서도 시장을 바라보는 광범위한 시야를 유지하면서도 세부적인 움직임에 주의를 기울여야 합니다. 장기적 및 단기적 관점의 조화를 통해 경제 환경의 미묘한 변화를 포착하고 이에 따라 전략을 조정하는 능력을 필요로 하는 점은 전쟁의 전략과 닮은꼴입니다.

투자자는 변화하는 매크로 환경에 유연하게 대응하며, 시장 전망이 변할 때마다 자신의 투자 전략을 민첩하게 수정해야 합니다. 이는 전쟁터에서 적의 변화하는 전략에 따라 자신의 전술을 조정하는 것과 유사합니다. 투자에서 성공하기 위해서는 시장 조건에 따라 전략을 조정하고 새로운 기회를 탐색하는 끊임없는 준비가 필요합니다. 따라서 투자의 결론에만 집중하기보다는 투자 과정 전반을 면밀히 관찰하고, 개인의 투자 스타일을 발전시키는 것이 중요합니다. 이러한 접근 방식은 투자 세계에서의 변화와 적응력이 성공의 핵심임을 강조합니다.

부록까지 모두 정독한다면 여러분은 이제 다른 사람들의 의견에 휘둘리지 않고, 스스로 시장을 분석하고 투자 결정을 내리는 능력을 키우게 될 것입니다. 그 마지막 페이지에 도달하기까지 함께 나아가봅시다!

채권의 숨겨진 이야기 :
채권 투자에 대한 깊은 성찰

미국의 경제정책 전망 :
물가 움직임이 기준금리 인하에 미치는 영향

2024년에는 미국 연방준비제도가 기준금리를 인하하기 시작할 것으로 예상됩니다. 이러한 전망은 과거 고물가 시대에 연준이 기준금리를 어떻게 조정했는지에 대한 분석에 근거합니다. 역사적 사례에 따르면 연준은 앞으로 소비자물가지수CPI와 근원소비자물가지수Core CPI 대비 1~1.5%를 가산한 레벨 수준으로 기준금리를 관리할 가능성이 높으며, 이는 물가 동향이 앞으로의 금리 결정에 중요한 역할을 할 것임을 시사합니다.

연준이 언급하는 디스인플레이션은 물가가 마이너스로 전환되는 것이 아니라 적절한 인플레이션 수준을 유지하는 것을 의미합니다. 이는 연준이 2% 인플레이션 목표를 달성하지 못하더라도 기준금리를 인하할 수 있다는 가능성을 시사합니다. 또한 디플레이션에 대한 우려가 증가할 경우 기준금리를 보다 신속하게 인하할 가능성도 있습니다.

현재 경제 상황에서 물가의 재급등은 예상되지 않지만, 유가와 주택 지표의 재반등은 리플레이션의 우려를 지속적으로 제기할 수 있습니다. 이에 따라 금리 인하 정책은 예측 가능한 '점진주의'보다는 적극적이고 빠른 대응이 필요한 '급랭주의'가 더 효과적일 것으로 보입니다.

역사적으로 타이트한 노동시장 상황에서 인플레이션 하락과 연준의 금리 피봇Pivot은 드물었습니다. 즉 고용시장의 둔화(실업률 상승)는 물가 둔화와 연준의 기준금리 인하의 전제조건이었습니다. 따라서 실업률이 급등하지 않으면서 물가가 둔화된 사례는 없었습니다. 만약 연준이 실업률 급등 없이 물가 안정에 성공한다면, 이는 단순한 연착륙을 넘어 골디락스 시장으로의 이동 가능성이 높습니다. 이는 경제가 너무 뜨겁지도 차갑지도 않은 이상적인 상태를 의미합니다.

이러한 분석을 바탕으로 우리는 실업률의 흐름을 면밀히 주시해야 합니다. 이는 미래의 경제 상황과 연준의 정책 방향에 대한 중요한 통찰력을 제공하며 경제와 금융시장에 대한 예측과 전략 수립에 중요한 기준이 될 것입니다. 따라서 경제와 실업률의 동향을 면밀히

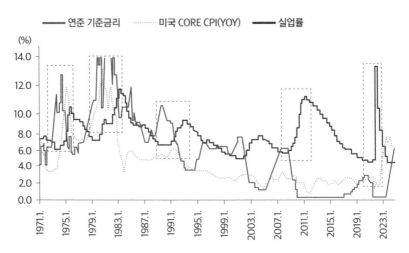

고물가 시기 미국 기준금리 대응 점검

―― 연준 기준금리 ·········· 미국 CORE CPI(YOY) ―― 실업률

분석하고 유가 및 주택 지표와 같은 중요한 경제지표에 주의를 기울이는 것이 필수적입니다. 이는 금리 인하 과정에서 발생할 수 있는 다양한 시나리오와 그에 대한 적절한 대응 전략을 개발하는 데 도움이 될 것입니다.

미국 10년물 국채금리의 미래 : 경제 요인과 채권 투자 전략

미국의 10년물 국채금리는 경제와 금융시장에서 중요한 지표로 작용합니다. 이 금리는 연방준비제도의 기준금리 정책, 경제성장률,

인플레이션 기대치, 글로벌 시장의 변동성 등 다양한 요인에 영향을 받습니다. 연준이 기준금리를 인상하는 초기 단계에서는 10년물 국채금리가 상승하는 경향이 있지만 고금리 환경이 경제성장을 저해할 경우 장기국채에 대한 수요 증가로 금리가 하락할 수 있습니다.

2024년 미국의 10년물 국채금리 상단에 대한 전망을 고려해 볼 때, 물가 반등과 공급 측면의 악재를 감안하더라도 2023년의 최고치인 5.0%를 초과하지 않을 것으로 예상됩니다. 이는 연준과 재무부가 2023년 10~11월과 같이 적정한 장기금리를 유지하기 위해 노력할 것이라는 가정을 바탕으로 합니다.

반면, 정반대의 상황, 즉 금융 긴축 사이클의 종료와 물가 상승 둔화, 경제성장 둔화가 주된 경제 이슈로 부상한다면 10년 만기 국채금리는 장기 평균치인 3% 이하로 하락할 가능성은 있습니다. 이러한 금리 전망은 투자자들이 자신들의 자산 포트폴리오를 구성하고 관리하는 데 중요한 참고 자료가 됩니다.

금융 긴축 사이클의 종반부에 접어들면서 채권 투자는 매력적인 기회로 여겨집니다. 현 시점에서의 절대금리 수준은 매력적이며 장기적으로 이익을 실현할 가능성도 높습니다. 그러나 CME FED Watch의 데이터에 따르면, 2023년 11~12월 기준 2024년에는 기준금리가 5~7차례에 걸쳐 인하할 것을 선반영하고 있습니다. 이는 불과 1개월 전인 10월 예측과 큰 차이를 보입니다.

금융시장의 금리 움직임은 매크로 환경에 따라 빠르게 변화할 수 있는데, 이는 2018년 9월 채권시장에서 선도금리 상 3개월 이내에 장단기 스프레드 역전을 예상했지만, 실제로 2019년 1월에는 장단기 스프레드가 더 확대된 사례에서도 확인할 수 있습니다. 이는 투자자들에게 금융시장의 미래 움직임을 예측하는 데 신중한 접근과 지속적인 시장 분석의 중요성을 상기시킵니다.

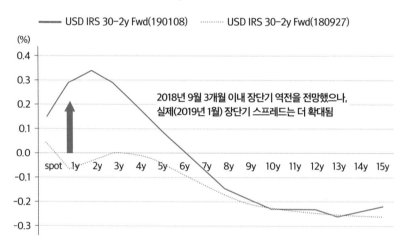

USD IRS 30-2y 선도금리 스프레드 변화

따라서 금리가 예상과 다르게 움직일 가능성을 고려할 필요가 있으며, 이러한 예측의 불확실성과 변동성에 대비하여 투자 결정을 내릴 때 신중한 리스크 관리가 필요합니다. 금융시장의 동향을 신중하게 분석하고, 다가올 경제 변화에 대비하는 것이 중요합니다. 이러한 접근은 투자자들이 미래의 경제 환경에서 잘 대응할 수 있도록 도와줄 것입니다.

미래의 금리 전망 :
장단기 커브 스티프닝 전략의 유리성

채권 투자의 목적은 대체로 이자수입과 자본차익으로 나눌 수 있습니다. 특히 자본차익 관점에서만 채권 투자를 고려한다면, 현재와 같이 기준금리 인하 기대감이 크게 반영된 시장 상황에서는 단순히 장기채에만 투자하는 전략보다는 장기채를 보유하되 장단기 스프레드 확대(커브 스티프닝curve steepening)에 투자하는 전략을 병행하는 것이 유리할 수 있습니다.

과거 100년간의 금융 역사를 살펴보면, 단기금리는 대부분 연준의 통제 아래 안정적으로 조절되어 왔습니다. 반면, 장기국채금리는 시장의 수요와 공급에 의해 결정되어 왔습니다. 하지만 금융위기 이후 양적완화 정책의 도입으로 연준은 장기채를 대량 매입하여 장기금리를 인위적으로 낮추는 방향으로 통화정책을 조절했습니다. 이는 디플레이션에 대응하는 데는 효과적이었지만 인플레이션에 대해서는 불안정한 경향을 보였습니다.

따라서 심각한 경기침체가 발생하지 않는 한 앞으로 양적완화 정책을 사용하기 어려울 것으로 보입니다. 즉 기준금리가 인하되더라도 양적완화가 동반되지 않는다면, 장기물은 과거와 같이 초저금리 상태로 가기보다는 더 적절한 금리 수준을 유지할 가능성이 높습니다. 연준이 생각하는 장기금리의 적정 레벨은 대략 2.5~3.0%로 추정됩니다.

미국 기준금리 및 장단기(미국채 10y-2y) 스프레드 추이

이러한 시장 전망 하에서는 장기채권은 이자수입의 메리트를 고려하여 보유하는 한편, 커브 스티프닝 전략을 추가하여 포트폴리오를 구성하는 것이 유리할 것으로 판단됩니다. 이는 심각한 경기침체뿐만 아니라 정반대의 상황인 강력한 경제성장이 재개되는 경우에도 유리한 전략이 될 수 있습니다.

전문 투자자들은 한 방향에만 투자하지 않고 미래의 금리 변동성을 고려하여 다양한 포지션을 구축하는 것이 중요합니다. 현재 장단기 스프레드가 역전된 상황은 결국 정상화될 가능성이 높으므로 이를 고려한 포트폴리오 구성이 필요합니다.

경제의 연착륙과 경착륙 :
국채 활용의 중요성

　현재 고금리 시기에는 경제의 연착륙과 경착륙 가능성이 모두 존재합니다. 연착륙 시나리오에서는 경기침체 가능성이 낮고 경제가 안정적으로 둔화됩니다. 이 상황에서 국채금리는 점진적으로 하락하며, 주식시장은 안정적인 상승세를 보일 것으로 예상됩니다.

　반면, 경착륙 시나리오에서는 경기침체 가능성이 높고 경제가 급격하게 둔화됩니다. 이 경우 급격한 국채금리 하락과 주식시장의 하락이 동반될 가능성이 높습니다. 이때도 국채는 안정적 혹은 방어적 자산으로서의 역할을 하여 투자 자산의 안정성을 높일 수 있습니다.

　연착륙과 경착륙의 두 시나리오 모두 가능성이 있음에 따라 투자자들은 주식과 국채를 결합한 다양화된 포트폴리오로 좋은 성과를 기대할 수 있습니다. 연착륙 시나리오에서 국채는 안정적인 알파 자산으로서의 역할을 하며, 경제의 부드러운 둔화에 대응합니다. 반면, 경착륙 시나리오에서는 국채가 강력한 헷지 자산으로서의 역할을 하게 됩니다. 이러한 전략은 경제 상황에 따른 위험 분산 및 안정성 확보에 중점을 두고 있습니다.

　따라서 현재와 같이 불확실한 경제 상황에서는 주식과 국채를 포함하는 균형 잡힌 포트폴리오가 중요합니다. 이러한 다각화된 접근 방식은 경제 상황에 따른 시장의 변동성에 효과적으로 대응할 수 있는 전략이 될 것입니다.

다만 최근에는 주식과 국채금리가 물가 상승과 둔화에 따라 움직이는 경향이 강해졌습니다. 즉 인플레이션의 움직임이 자산시장에 미치는 영향이 크게 증가하고 있다는 것입니다.

따라서 인플레이션 예측과 관련된 데이터와 이벤트에 대한 주의 깊은 관찰이 필요합니다. 이러한 시장 환경에서 투자자들은 인플레이션의 흐름을 면밀하게 분석하고, 이를 기반으로 투자 전략을 조정해야 합니다. 이는 경제 상황에 따른 유연한 투자 접근법이 될 수 있으며 변동성 있는 시장 환경에서도 안정적인 수익을 추구하는 데 도움이 될 것입니다.

주식의 속삭임 :
주식 투자에 대한
개인적인 통찰과 전략

주식시장 방향성에 대한 열쇠,
유동성 흐름

미국 경제의 2024년 전망과 투자자들이 직면한 핵심 요인에 대해 재무부와 중앙은행의 유동성 흐름이 가장 중요한 요인으로 간주됩니다. 이는 신용 여건, 머니마켓펀드MMF, 역레포RRP, 재무부 현금잔고TGA 등의 금융 시스템이 재무부와 중앙은행의 유동성과 밀접한 연관이 있기 때문입니다.

이번 경제 사이클에서는 유동성에 대한 정밀한 분석이 수익성에 큰 영향을 미칠 것으로 예상됩니다. 특히 2024년 2~3분기에 역레포 시장의 자금 소진으로 인한 유동성 감소가 시장에 영향을 미칠 가능성이 있으며, 이는 경기둔화에서 경기침체로의 전환을 가속화할 수 있습니다.

다만 경기침체에 대한 우려가 커지면, 연방준비제도의 완화적 정책과 미국 재무부의 TGA 자금 방출이 예상됩니다. 그러나 인플레이션 재발과 재정적자 문제로 인해 코로나19 기간의 광범위한 경기 부양책 대신 보다 제한적이고 집중적인 경제 부양책이 채택될 것으로 보입니다. 미국은 현재 성장 지향적인 정책 방향으로 전환을 모색하고 있습니다. 이러한 변화는 정부의 역할을 확대하고 계획 경제로의 이동을 암시합니다.

만약 연방준비제도와 재무부의 경제 계획이 성공적으로 이행된다면, 2024년 미국 경제는 물가 안정과 점진적인 경기둔화를 통해 안정적인 연착륙을 기대할 수 있을 것입니다. 이 시나리오에서는 선택적 재정 부양책이 기업들의 이익 성장을 도모하는 중요한 역할을 할 것으로 예상됩니다.

현재 상향식Bottom-Up 접근을 취하는 애널리스트들은 이미 S&P500 기업들의 이익 전망을 상향 조정하고 있으며, 이는 자산시장에 긍정적인 영향을 미치고 상승 잠재력을 나타내는 신호로 해석될 수 있습니다. 하지만 자산시장의 지속적인 상승세를 유지하기 위해서는 기업들의 실적이 지속적으로 예상치를 초과하는 것이 중요합니다. 이는 미국 경제의 안정적인 성장과 자산시장의 건강한 상승을 위한 핵심 요소가 될 것입니다.

S&P500 기업 EPS 스프레드(컨센서스-실적치) 추이

이는 현재의 경제 사이클과 투자 전략을 분석하는 데 심층적인 이해가 필요함을 보여 줍니다. 투자자들은 이러한 맥락을 이해하고, 경제의 거시적 트렌드와 기업들의 실적 동향을 면밀히 분석하여 자신의 투자 전략을 조정해야 합니다.

물가 예측과 주식시장 :
미국 물가 안정화 전망과 주식시장의 영향

물가에 대한 고려와 미래 전망은 현재 금융 및 경제 시장에서 매우 중요한 주제 중 하나입니다. 2024년 미국 물가 안정화를 전망하는 이유를 하나 더 꼽자면 중국의 생산자물가지수PPI 데이터를 살펴봤을 때 유로존, 미국, 한국, 중국 등 다양한 국가에서 PPI가 하락하고 있는 것을 확인할 수 있습니다. 특히 중국의 PPI 하락은 전세계 PPI에 선행되며 미국 PPI는 CPI에 선행됩니다.

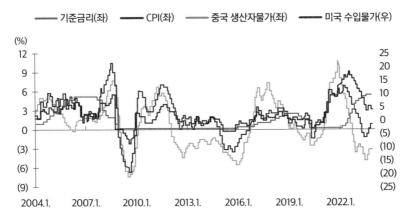

중국의 PPI & 미국의 수입물가 & 미국 CPI 추이

미국의 소비자물가지수CPI는 상대적으로 빠른 속도로 하락할 것으로 보이며, 이는 인플레이션 둔화 추세가 계속될 수 있음을 나타냅니다. 특히 전반적인 CPI 하락폭이 근원소비자물가지수Core CPI(식품 및 에너지를 제외한 CPI)의 하락폭보다 클 것으로 예상되는데, 이는 CPI에 큰 영향을 미치는 특정 항목들의 가격 변동이 Core CPI보다 더욱 두드러질 수 있음을 시사합니다.

또한 이러한 물가 하방 압력은 구조적인 요소로 인한 것일 수 있습니다. 서방 세계는 중국을 대체하기 위해 '알타시아Altasia(중국 공장의 대안적 아시아 공급망)' 14국과 같은 새로운 공급망을 구축하려고 하고 있으며, 이로 인해 글로벌 생산 구조가 변화하고 있습니다.

이러한 대규모 투자와 구조 조정으로 인해 중국 및 중국 이외의 국가들은 새로운 상품 공급원을 찾고 있습니다. 이는 글로벌 물가 안정화에 영향을 줄 수 있으며, 미국 물가지수에도 영향을 미칠 수 있습니다.

다만 물가 예측의 복잡성과 그에 따른 시장 영향을 이해하는 것은 중요합니다. 미국 정부와 연준이 금리정책과 물가 안정화 전략을 신중히 검토하고 있는 것처럼 투자자들도 이러한 불확실한 경제 환경에서 유연하게 대응해야 합니다.

물가 변동성과 주식시장의 상관관계는 복잡하고 양면적인 성격을 지닙니다. 예를 들어, 생산자물가지수PPI가 높아지면 기업의 원가가

물가 스프레드(PPI-CPI) & S&P500 이익수정비율 추이

── 물가 스프레드(좌)   ── 이익수정비율(우) * 3개월 시차

증가하게 되지만, 이는 종종 최종 소비자 가격으로 전가되어, 시간이 지나면 기업의 이익률이 개선될 수 있습니다. 이는 특히 3개월 후와 같은 단기적 시차를 두고 더욱 명확해집니다. 반면, 생산자물가의 하락이 소비자물가 하락보다 더 클 경우 기업은 추가 비용을 소비자에게 전가하기 어려워지며, 이는 이익 마진 감소와 경제침체의 신호로 해석될 수 있습니다.

반대로 물가 스프레드가 줄어드는 상황에서 생산자물가가 상승하는 경우, 이는 주식시장에서 매수 기회로 해석될 수 있습니다. 주식시장은 이렇게 물가의 움직임에 따라 긍정적이거나 부정적인 방향으로 반응할 수 있습니다. 물가 상승이 기업의 이익 증대로 이어질 수 있는 반면, 경제 전반의 불확실성 증가로 인한 부정적인 영향도 고려해야 합니다. 따라서 투자자들은 이러한 다양한 요소를 종합적으로 고려하여 신중한 투자 결정을 내려야 합니다.

2024년 미국 경제의 위험 요소와 연준의 대응 여력 분석

2024년 미국 경제는 2가지 주요 리스크 요소를 마주하고 있습니다. 첫째는 지정학적 갈등으로 인한 유가 상승입니다. 이는 단기적으로 인플레이션에 방해 요소가 될 수 있으나, 경제에 근본적인 변화를 가져오는 결정적인 요인으로 작용하지는 않을 것으로 보입니다.

둘째는 장기간 지속되는 고금리로 인한 실물경제의 압박입니다. 이러한 상황은 금융 시스템에 갑작스럽고 중대한 영향을 미칠 수 있으며, 결국 경제의 경착륙으로 이어질 수 있습니다.

그러나 경기침체가 발생하더라도 연준은 충분한 대응 여력을 갖추고 있을 것으로 예상됩니다. 이는 연준이 위기 상황에서 금리 조정을 통해 적절하게 대응할 수 있는 능력을 가지고 있다는 것을 의미합니다. 이러한 연준의 대응력은 과거의 경험을 통해 이미 입증되었으며 경제 안정화에 중요한 역할을 할 것으로 기대됩니다.

과거의 경제침체 기간 동안 연준은 실질 성장률 감소 속도를 초과하는 기준금리 인하를 통해 경제 회복에 결정적인 역할을 했습니다. 이러한 조치는 중앙은행의 금융정책이 경제 회복에 얼마나 중요한 영향을 미칠 수 있는지를 잘 보여 줍니다. 현재 연준의 기준금리가

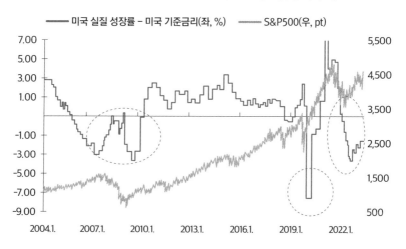

미국 실질 성장률 – 미국 기준금리 스프레드 및 주가 추이

5.5%인 것은 향후 발생할 수 있는 위험에 대응할 충분한 여력이 있음을 의미합니다.

이는 미국 경제의 미래 전망과 중앙은행의 역할에 대한 깊은 분석과 이해를 바탕으로 한 결론입니다. 이러한 상황은 연준이 경제적 변동성에 적극적으로 대응할 수 있는 여지를 제공하며, 그 과정에서 중앙은행의 전략적 중요성을 강조합니다. 이러한 분석은 앞으로 미국 경제의 전망을 이해하는 데 중요한 통찰을 제공합니다.

양적긴축 종료 시기 예측 : 역레포 소진과 스탠딩 레포 활성화 여부

양적긴축의 종료 시점을 예측하는 데는 몇 가지 중요한 요소가 있습니다. 먼저, 미국 재무부는 2023년 4분기와 2024년 1분기에 1.59조 달러 규모의 국채를 발행할 계획입니다. 현재 진행 중인 양적긴축은 월 950억 달러 규모로, 실제로는 약 700억 달러에 달합니다. 이로 인해 향후 5개월간 시장에서 약 3,500~4,750억 달러가 줄어들 것으로 예상됩니다.

역레포와 재무부 현금잔고TGA의 현재 상황도 중요한 역할을 합니다. 역레포 규모는 2023년 12월 기준 약 1~1.2조 달러이며, TGA는 2024년 1분기 말까지 8,000억 달러 수준을 유지할 것으로 보입니다. 이러한 요소들을 고려하면 2023년 4분기~2024년 1분기에 역레포 잔고가 대부분 소진되면서 2024년 2분기에 양적긴축이 종료될 가능성이 있습니다.

다만 양적긴축의 종료 시기 예측은 여러 복잡한 요소를 기반으로합니다. 미국 연방준비제도는 역레포 시장이 소진된 후에도 양적긴축이 예상보다 길어질 수 있다고 지적하고 있습니다.

이는 주로 스탠딩 레포Standing Repo 프로그램의 활성화와 관련이 있을 것으로 예상합니다. 스탠딩 레포는 연준이 고유동성 자산을 담보로 사용하여 시장 참가자들에게 단기자금을 대여하는 시스템으로 은행들이 단기 대출을 통해 장기채권을 매입할 수 있게 하여 양적긴축에 의한 지급준비금 하락 문제를 완화할 수 있습니다.

이 시나리오에서 금리 커브의 정상화는 필수적입니다. 연준이 기준금리를 낮추어 스탠딩 레포 금리가 장기국채금리보다 낮아지면 은행들은 자산 매각 대신 스탠딩 레포를 활용하여 채권 매입을 재개할 수 있습니다. 이는 연준과 재무부가 장기 및 단기 국채 발행을 원활하게 재개할 수 있는 환경을 조성하는 데 기여합니다.

연방준비제도의 기준금리 인하와 스탠딩 레포 프로그램의 재활성화는 금융시장의 안정성을 강화하는 중요한 전략입니다. 이러한 조치들은 양적긴축을 지속하면서도 은행들의 지급준비금을 유지하는 데 중요한 역할을 할 것으로 보입니다. 특히 현재 우려되는 2024년 2분기의 유동성 경색 상황에서 스탠딩 레포를 통해 유동성을 보호하는 것이 핵심입니다.

또한 2024년 11월의 대규모 선거를 앞두고, 미국 재무부의 현금잔고TGA에서는 대규모 자금 방출이 예상됩니다. TGA의 자금 규모가 약 8,000억 달러에 달하는 것을 고려하면, 이는 양적긴축의 영향을 8~10개월가량 완충할 수 있는 수준입니다. 이러한 전망은 주식시장의 우상향 장세를 전망하는 내러티브와 유사합니다.

그러나 스탠딩 레포의 대규모 이용은 시장에 대한 우려를 확대시킬 수 있으며, 이는 양적긴축이 조기에 종료될 가능성을 높일 수 있습니다. 시장 참가자들은 이러한 중요한 변화에 주의를 기울이며 투자 전략을 조정해야 할 필요가 있습니다.

양적긴축 조기 종료 가능성 : 갑작스런 단기 유동성 경색

단기자금시장의 유동성 상황을 이해하기 위한 중요한 지표로 미국의 무위험 지표금리인 SOFR(1일물, 담보부 금리)와 실효연방기금금리EFFR(무담보 금리) 간의 스프레드를 들 수 있습니다. 이 스프레드의 확대는 은행 간 대출 및 자금 조달의 위험이 높아지는 것을 나타내며, 양적긴축의 종료 시기와 은행의 유동성 상태를 파악하는 데 중요한 역할을 합니다.

SOFRSecured Overnight Financing Rate는 담보가 있는 금융 거래에서 결정되는 금리이며, 이는 대체로 레포 시장에서 형성됩니다. 반면, EFFR 금리는 IOER 금리 등으로 연준이 직접 관리할 수 있는 무담보 금리입니다. 통상적으로 SOFR와 EFFR 사이의 스프레드는 음수값을 가지고 있습니다. 그러나 이 스프레드가 갑작스럽게 양의 값으로 전환되고 확대된다면, 이는 레포 시장에서의 자금 조달 위험이 증가하고 있음을 의미합니다. 특히 SOFR 금리가 급격하게 상승하는 현상은 레포 시장에서 자금을 빌리는 데 더 큰 위험이 수반되고 있음을 나타냅니다.

과거에는 3개월 리보Libor와 국채 3개월물 간의 차이가 주요 모니터링 대상이었으나, 2022년부터 SOFR 금리가 리보 금리를 대체하기 시작했습니다. SOFR는 국채를 담보로 거래되는 무위험 지표금리로 금융시장에서 중요한 역할을 합니다.

최근 SOFR과 EFFR 간의 스프레드가 미세하게 확대되는 경향을 보이고 있으며, 이러한 스프레드의 급격한 확대는 양적긴축의 조기

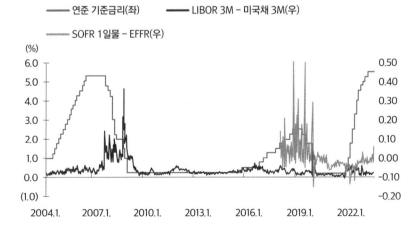

연준 기준금리 및 유동성 경색 지표 추이

종료나 기준금리 인하의 가능성을 시사할 수 있습니다. 따라서 이러한 지표의 지속적인 모니터링이 중요합니다.

2019년과 2020년에 레포 시장이 급격하게 경색된 사건을 예로 들면, SOFR 금리가 IOER 금리를 초과하여 미국 연방준비제도의 기준금리 상단을 넘어서는 수준에 도달하거나 EFFR 금리와의 스프레드가 10bp 이상 확대되는 경우, 이는 단기시장에 경색이 발생할 수 있음을 시사하는 중요한 신호입니다. 이러한 금리 움직임은 시장 참여자들에게 주의를 촉구하는 지표로 작용할 수 있으며, 특히 금융기관이나 투자자들은 이러한 변화에 주의를 기울여야 합니다. 이는 시장의 유동성이나 신용 조건의 변화를 반영하며, 금융시장의 안정성과 관련하여 중요한 경고 신호가 될 수 있습니다.

ERP를 통한 주식 밸류에이션 : 현재 주식시장 평가와 위험 프리미엄 분석

ERP Equity Risk Premium는 주식시장에서 투자자들이 무위험자산에 비해 추가로 얻을 수 있는 기대수익률을 나타내는 중요한 지표입니다. ERP는 주식의 기대수익률에서 미국 10년물 국채금리를 뺀 값으로 계산되며, 현재 주식시장의 위치를 파악하는 데 유용합니다.

금융위기나 경기하강 시에 ERP가 상승하는 경향이 있습니다. 2023년 11월 기준 주식의 기대수익률이 5.3%(=1/Forward PER 19배)이고, 10년 미국채 금리가 4%라면 ERP는 1.3%입니다. 주식시장이 고평가되었다고 생각하는 투자자들은 더 높은 수익률을 요구할 수 있으며, 이는 S&P500 같은 지수의 주가 하락을 예측할 수 있게 합니다. 예를 들어, 적정수익률을 6.3%(=1/Forward PER 16배)로 가정하면 S&P500의 주가는 약 16% 이상 하락할 필요가 있습니다.

과거의 금융위기나 경기하강 시기를 살펴보면 ERP가 급격하게 상승하는 모습을 볼 수 있습니다. ERP 스프레드가 크게 확대되는 것은 시장의 불안과 위험이 높아진다는 신호입니다. 현재 ERP 스프레드는 2003년 이후 가장 낮은 수준으로 주식의 기대수익률이 무위험 수익률 대비 매우 낮은 수준인 것을 시사합니다.

레이 달리오가 이끄는 브릿지워터 헤지펀드는 미국 주식시장이 고평가되어 있다고 평가하며 미국 경제의 불균형 상태를 지적합니다. 이 평가는 미국 경제의 불균형 상태를 반영하는 것으로, 일반적으로 주식의 기대수익률이 무위험 수익률보다 높다는 점에 주목합니다.

이들은 현재의 낮은 ERP가 주식시장의 고평가를 나타내며, 이는 2000년 이후 처음으로 나타난 현상이라고 강조합니다. 따라서 주가 하락 또는 기업 이익의 큰 증가 없이는 현재의 고평가 상태를 반박하기 어렵다는 입장을 견지하고 있습니다.

다만 ERP에만 의존하는 것은 리스크를 증가시킬 수 있습니다. AI 등 신기술의 등장이 주식 밸류에이션에 새로운 전환점을 제공할 수 있습니다. 자산군별 기대수익률을 고려하여 주식 비중을 축소하는

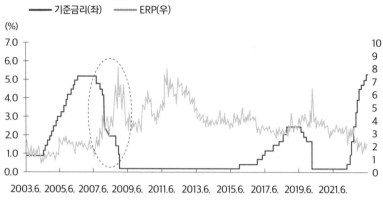

ERP(주식 위험 프리미엄) 밸류에이션 추이

※ 자료 : 2023년 7월 인포맥스 발표 자료

것은 포트폴리오의 전반적인 기대수익률 관점에서 오류일 수 있습니다. 주식은 기업의 이익과 혁신을 선행하는 자산인 반면, 채권은 경제성장과 물가를 후행하는 자산입니다. 따라서 각 자산의 고유한 특성을 고려하는 것이 중요합니다.

　이러한 분석을 바탕으로 투자자들은 현재 주식시장의 밸류에이션과 위험 프리미엄을 평가하고 경제와 시장의 변동성에 대비한 전략을 수립하는 것이 중요합니다. ERP의 변화는 시장의 변동성과 경제적 변화에 대한 중요한 신호로 작용할 수 있으며, 이를 통해 자산시장의 고평가 또는 저평가 상태를 파악하고 적절한 투자 결정을 내릴 수 있습니다.

미국 주식시장 버블 국면 판단 :
MMF 잔액, 유동성의 종합적 분석

미국 주식시장의 버블 여부를 논할 때 다양한 경제지표와 시장의 흐름을 면밀히 분석하는 것이 중요합니다. 현재 미국 내 머니마켓펀드MMF의 잔액이 6조 달러를 초과하며 계속 상승하고 있는 상황은 투자자들 사이에서 주목받고 있습니다. 이런 MMF 잔액의 증가는 보통 금리 인상이 충분히 이루어진 이후에 시작되며, 고금리에 대한 우려와 기회로 인해 주식시장에서 단기채권시장으로 자금이 이동하게 됩니다.

보통 금리 인상이 종료되고 기준금리가 동결하는 기간까지 MMF의 잔액이 늘어나는 경향이 있습니다. 그리고 특정 상황에서는 금리

MMF 잔액 및 S&P500 시가총액/MMF 비율 추이

인하 기간에도 MMF 잔액이 증가하는 경우가 관찰되었습니다. 다만 이러한 상황은 대체로 경제의 경착륙을 우려하여 연준이 금리를 급격히 인하하기 시작한 시기에 발생하였습니다. 이 현상은 투자자들이 금리 변동성과 경제 전망에 대한 불확실성을 반영하여 보다 안전한 자산으로 자금을 이동시키려는 경향을 나타냅니다.

과거의 긴축 사이클 시기 데이터를 살펴보면, MMF의 자금이 최고점에 도달하는 시기가 주식시장 가격이 바닥이었던 경우가 많았습니다. 이는 긴축 시기 동안 위험자산 시장의 자금이 단기채권시장으로 옮겨 가는 과정에서 나타난 현상으로 해석됩니다.

현재 직면한 주요 의문은 사상 최고 수준으로 치솟은 MMF 자금이 향후 어떤 자산으로 이동할지에 관한 것입니다. 만약 금리 인상이 아닌 인플레이션 감소에 따른 점진적 금리 인하가 시작되면, 안정성을 추구해 MMF에 투자되었던 유동성 자금이 장기채권시장이나 주식시장으로 빠르게 이동하는 현상이 발생할 수 있습니다.

투자자들은 주로 버핏 지수나 통화량 대비 주식시장 밸류에이션을 분석하여 주가 버블 여부를 판단합니다. 그런데 현재 주가 수준이 통화량 기준으로 버블 상태로 보일 수도 있지만 주식시장으로 유입될 추가 유동성을 고려하면 이러한 유동성 대비 주식시장의 가치가 실제로 버블 상태가 아닐 수 있음을 시사하는 다른 관점도 고려할 수 있습니다.

역사적으로 MMF 잔액 대비 S&P500 시가총액 비율의 상승 현상은 주로 단기채권시장에서 자금이 주식시장으로 이동하는 것과 관런이 있습니다. 따라서 앞으로 주의 깊게 관찰해야 하는 것은 MMF 잔액이 감소하기 시작하는 시점인데, 이는 실업률이 상승하기 전에 발생하는 경향이 있습니다. 이는 시장이 연준의 완화 정책을 앞서 반영하는 중요한 신호로 해석될 수 있습니다.

현재 미국이 공식적으로 발표하는 U-3 실업률은 안정적으로 보이는 상황이지만 비자발적으로 파트타임으로 일하는 사람들까지 포함한 U-6 실업률의 상승은 경제 내부의 잠재적 불안정성을 암시합니다. 이는 실업률에 관한 착시현상이 곧 현실로 나타날 수 있으며, 이는 곧 금리 인하가 임박했음을 의미할 수 있습니다.

이러한 분석을 종합해 보면, 미국 주식시장이 현재 버블 상태인지 아닌지 판단하기 위해서는 단순히 현재의 통화량이나 주가 수준만을 기준으로 하기보다는 경제 내부의 다양한 신호와 금리정책의 방향성, 그리고 전반적인 시장 유동성 흐름을 종합적으로 고려해야 합니다. 특히 금리 인하가 임박했다는 신호는 주식시장에 새로운 유동성이 유입될 가능성을 시사하며, 이는 시장에 긍정적인 영향을 미칠 수 있는 요소로 작용할 수 있습니다.

2024년도 현명한 투자 전략 : 소소한 발걸음으로 시장 대응하기

2024년 하반기 미국 기준금리 인하가 시작된다면 미국의 중소형지수 및 신흥국 경제에 긍정적인 효과가 있을 것으로 예상됩니다. 이러한 조치는 이머징 시장 환율의 안정성을 더욱 증진시키고, 주식시장에 상승세를 가져오며, 미국 자산시장 전반에 대한 투자 가치도 높일 것입니다.

하지만 앞으로 주식시장에서 버블 현상이 발생할지 여부는 결국 미국 정부의 정책 방향에 달려 있습니다. 다시 말해, 주식시장이 과열되거나 패닉 상태에 빠지는 것 모두를 선호하지 않습니다. 2022~23년에 우리는 경제심리와 주식시장 사이의 괴리를 경험했으며, 그 핵심에는 유동성 조절이 있었습니다.

미국 정부와 연준은 경제가 균형 잡힌 안정 상태를 유지하기를 원합니다. 이러한 정책 방향은 경제가 과열 추세를 보인다면 금리 인하 여부에 상관없이 정부가 긴축정책 채택을 고려할 수 있다는 사실을 시사합니다.

금리 인상 기간에 재정정책으로 경제를 자극했던 것처럼 금리 인하 기간에도 미국 정부는 필요에 따라 주식시장을 조절하기 위해 긴축정책을 적용할 수 있는 능력을 보유하고 있습니다. 금리 인하와 동시에 긴축정책을 시행하는 것은 겉보기에는 서로 모순되는 전략처럼 보일 수 있으나 실제로는 신중하게 설계된 경제 전략의 일환일 수 있습니다.

예를 들어, 금리 인하 기간 동안에 은행 예금금리를 MMF 금리보다 낮게 설정하면 은행에 예치된 자금이 MMF로 이동할 가능성이 생깁니다. 이러한 자금 이동은 은행의 지급준비금 감소와 같은 금융 리스크를 초래할 수 있고, 경제 상황이 악화되면 이 문제는 더욱 큰 위험으로 발전할 수 있습니다. 특히 경기침체 기간에는 이런 유동성의 대규모 이동이 금융시장에 추가적인 리스크를 가져올 수 있는 중요한 요소가 됩니다.

그러나 분명한 사실은 미국 정부가 시장의 과열을 방지하기 위해 의도적으로 유동성을 조절하려는 노력을 기울일 수는 있더라도 실제로 경기침체를 초래하려는 의도는 전혀 없다는 것입니다. 명확히 경기침체를 방지하려는 의지가 있으며, 이를 바탕으로 미국은 유동성 관리를 통해 금융 리스크를 안정시키려는 조치를 취할 것입니다. 즉 시장 과열을 억제하려는 목적이 달성된 후, 미국 정부는 기준금리를 인하하는 동시에 은행의 예금금리 상승을 유도하면서 MMF와의 금리 차이를 줄이려는 노력을 기울일 것입니다. 이러한 정책들은 금융시장의 안정성을 강화하고, 지급준비금을 보호하는 데 중요한 역할을 할 것입니다.

이런 접근 방식은 금리 인하와 긴축정책이 서로 대립되는 것이 아니라 오히려 경제와 금융시장의 안정을 위해 함께 활용될 수 있음을 보여 줍니다. 미국 정부는 경기침체를 방지하고 금융시장의 안정성을 유지하기 위해 다양한 정책 옵션을 고려하고 있으며, 이는 금융시장과 경제 전반에 대한 깊은 이해와 전략적 접근을 필요로 합니다.

이 책을 읽는 독자 여러분께 드리고 싶은 조언은 "홈런을 꿈꾸지 마라."입니다. 현재 경제 사이클에서 가장 중요한 것은 소소한 발걸음을 내디디며 지속적으로 전략을 조정해 나가는 것입니다.

시스템이 예정된 경로를 벗어날 때 적절히 방향 전환을 통해 대응하면 큰 위기를 막을 수 있습니다. 마찬가지로 투자에서도 유연함을 발휘해 대중의 열광에 휘말리지 않기를 바랍니다. 만약 누군가가 왜 경제 상황에 따라 계속해서 관점을 변경하는지 묻는다면 "매일 더 현명해지지 못할 이유가 뭡니까?"라고 답해 드리고 싶습니다.

트레이딩의 세계 : 과거 경험을 통한 통찰과 전략

채권
프랍 트레이더란?

펀드 매니저와 프랍 트레이더는 자산 운용이라는 공통적인 업무를 수행하지만 업무 방식과 목표에는 큰 차이가 있습니다.

펀드 매니저는 자산운용사에 속한 전문가로 고객(개인 또는 기관)의 자본을 관리합니다. 이들의 목표는 시장 평균 수익률을 뛰어넘는 것입니다. 예를 들어, 주식 시장에서 코스피 지수의 수익률을 초과하는 것이 목표일 수 있습니다. 이들은 고객의 요구사항을 반영하고, 전략 팀이 제시한 펀드 포트폴리오 내에서 운용을 진행합니다. 또한 시장 변화에 능동적으로 신속하게 대응하는 것이 아니라 미리 설정된 전략 내에서 대응하는 훈련을 받습니다.

반면, 프랍 트레이더는 증권사에 속한 운용역으로 증권사가 보유한 자본을 운용합니다. 이들의 목표는 시장 상황과 관계없이 항상 절대적인 수익을 창출하는 것입니다. 즉 우수한 프랍 트레이더가 되기 위해서는 잃지 않는 것이 가장 중요합니다. 따라서 작은 규모로 베팅을 시작하여 수익을 누적시킨 뒤 점차 더 큰 베팅으로 이동해야 합니다. 이들은 금리 방향성에 대한 베팅뿐만 아니라 차익거래나 스프레드 거래 등 시장의 방향성과 무관하게 항상 수익을 창출하는 독자적인 운용 기법을 개발하려고 노력합니다.

일반적으로 채권 투자에서 수익을 창출하는 방법은 크게 이자수익과 자본차익으로 나눌 수 있지만, 채권 프랍 트레이더의 경우 이자수입보다는 자본차익에서 성과가 평가됩니다. 이는 증권사 프랍 트레이더의 역할이 더욱 위험하고 도전적이라는 것을 의미합니다.

트레이딩 전략의 다양성 : 모멘텀, 뷰, 그리고 차익거래의 세계

투자의 세계는 다양한 전략과 접근 방식으로 가득 차 있으며, 트레이더들은 이러한 방법을 통해 시장에서 성공을 추구합니다. 특히 방향성 매매에서 모멘텀 트레이딩과 뷰 트레이딩 2가지 주요 스타일이 존재합니다.

모멘텀 트레이더들은 시장의 순간적인 움직임과 감각에 의존하여 빠른 매매를 진행합니다. 이들은 현재 시장의 분위기와 동향을 민감하게 감지하고, 그에 따라 신속하게 포지션을 취하거나 청산합니다. 이들은 빠른 반응 속도와 유연한 전략을 필요로 하며, 주로 젊은 트레이더들 사이에서 인기 있습니다.

반대로 뷰 트레이더들은 깊이 있는 펀더멘털 분석과 장기적인 시장 전망을 기반으로 합니다. 이들의 접근 방식은 시장의 근본적인 가치와 장기적인 흐름을 파악하는 데 초점을 맞춥니다. 이들은 특정한 시장 전망에 입각하여 큰 포지션을 장기간 유지하는 경향이 있으며, 주로 경험이 풍부한 시니어 트레이더들이 선호합니다.

이 두 형태 외에도 차익거래는 시장에서 또 다른 기회를 제공합니다. 예를 들어, 채권 차익거래는 국채선물과 현물 바스켓(국채로 구성)을 통한 이론가 간의 가격 괴리현상을 활용합니다. 이는 3개월 단위로 청산되며 만기가 도래할 때마다 새로운 차익거래 기회가 생겨납니다.

성공적인 차익거래 전략은 시장의 평균 저평 레인지를 파악하고, 이를 벗어날 때 적극적으로 매매에 참여하는 것을 포함합니다. 예를 들어, 평균 저평이 30틱일 때 갑자기 10틱으로 줄어들면 차익거래 포지션을 청산하고, 20틱으로 늘어나면 다시 매매를 시작하는 전략을 취할 수 있습니다.

이렇게 다양한 전략을 통해 트레이더들은 시장에서 절대 수익을 창출하려 노력하며, 각자의 경험과 지식을 바탕으로 시장의 다양한 기회를 포착합니다.

차익거래 전략의 이해 및 시장 조건별 접근 방식

차익거래는 금융시장에서 다양한 자산 간의 가격 차이를 활용해 수익을 창출하는 전략입니다. 특히 채권 시장에서 널리 사용되는 이 전략은 시장의 미세한 가격 불일치를 파악하고 이를 이용해 수익을 얻는 것을 목표로 합니다. 이러한 차익거래는 크게 '매수 차익거래'와 '매도 차익거래'로 나눌 수 있습니다.

매수 차익거래는 선물 가격이 현물 채권의 이론가격보다 높을 때 사용됩니다. 투자자는 저평가된 현물 채권을 매수하고, 고평가된 국채 선물을 매도합니다. 차익거래가 해소되고 가격이 정상화될 때 투자자는 반대 매매를 통해 차익을 실현합니다.

매도 차익거래는 선물 가격이 현물 채권의 이론가격보다 낮을 때 적용됩니다. 투자자는 상대적으로 고평가된 현물 채권을 매도하고, 저평가된 국채 선물을 매수합니다. 가격 차이가 해소되면 반대 매매를 통해 이익을 얻습니다.

저평가는 시장의 심리가 반영된 지표로 현물과 선물 간의 가격 차이를 의미합니다. 이는 시장이 불안할 때 더 큰 폭으로 나타날 수 있으며, 매도 헤지에 대한 수요 증가를 의미합니다.

만기 청산을 가정할 때 손익분기점BEP에 해당하는 최소 진입 저평을 산출합니다. 저평가가 손익분기점 이상으로 확대될 때 투자자는 진입하여 금리 변동에 상관없이 확정된 수익을 얻을 수 있습니다.

차익거래 전략은 시장 조건에 따라 다르게 접근해야 합니다. 금리 하락기는 기준금리 인하 기대감이 유지될 때 시장 참여자들의 강세 컨센서스로 매도 헤지 수요가 감소합니다. 이때는 매도 차익거래의 진입 기회가 줄어들 수 있으므로 저평가가 순간적으로 확대될 때 적극적으로 진입하는 것이 좋습니다.

금리 상승기는 경기회복 기대감과 물가 상승으로 인한 통화 당국의 긴축 스탠스가 지속될 때 매도 헤지 수요가 증가하고 저평가가 확대됩니다. 이 시기에는 매도 차익거래의 진입 기회가 늘어나며, 저평가가 크게 확대될 때 적극적인 포지션 진입이 권장됩니다. 차익거래는 시장의 변동성과 심리를 이용하여 안정적인 수익을 창출하는 전략으로 시장 상황에 따라 적절한 매매 전략을 채택하는 것이 중요합니다.

차익거래를 통한
수익 극대화 전략

차익거래는 시장의 미묘한 가격 차이를 이용하여 수익을 창출하는 전략입니다. 이 전략은 특히 채권 시장에서 현물과 선물의 가격 차이를 활용해 진행됩니다. 현물과 선물 가격이 이상적으로 동일하게 움직여야 하지만, 시장의 여러 변수로 인해 이 두 가격이 서로 다르게 움직일 때 차익거래의 기회가 발생합니다.

차익거래의 순수익은 매매 수익에서 거래 비용을 차감한 것으로 비교적 예측 가능합니다. 예를 들어, 거래 비용이 총 10bp라고 가정할 경우, 수익과 손실이 균형을 이루는 적정 저평은 3개월 잔존 기준으로 10틱에서 형성될 것으로 예상됩니다. 하지만 실제 시장에서는 참여자들의 이해관계와 다양한 시장 변수들로 인해 저평이 예상보다 높거나 낮게 형성됩니다.

이러한 시장의 변동성을 활용하기 위해 매수와 매도 차익거래는 잔존 기간을 고려하여 진행됩니다. 적정 저평보다 높게 형성된 경우 매도 차익거래를 실행하고, 저평이 회복되거나 차익이 발생할 경우 기존 포지션을 청산합니다.

이 전략의 핵심은 3개월 단위의 만기 주기에 맞추어 저평의 움직임을 1개월 단위로 분석하고, 이를 기반으로 진입과 청산 시점을 결정하는 것입니다. 현선물의 가격이 첫째 달과 둘째 달에는 주기적으로 저평가와 고평가를 반복하다가, 마지막 달 만기일에는 두 가격 차이가 0으로 수렴하는 패턴을 보입니다.

이런 방식으로 차익거래를 진행함으로써 전통적인 차익거래 수익보다 더 큰 수익을 창출할 수 있습니다. 시장의 흐름과 패턴을 정확히 파악하고, 비용 분석을 철저히 함으로써 위험을 최소화하고 수익을 극대화하는 것이 이 전략의 핵심입니다.

프랩 트레이더들은 채권시장뿐 아니라 주식, 외환, 스왑 등 다양한 금융시장에서 활동하며, 각 시장에 맞는 다양한 거래 전략을 개발하고 활용합니다. 차익거래는 이러한 전략 중 하나이며, 가격 차이를 활용하여 이익을 얻는 방식으로 프랩 트레이더들이 채권뿐만 아니라 다른 자산 클래스에서도 적용합니다.

프랩 트레이더들은 경쟁력을 유지하기 위해 지속적인 시장 분석과 새로운 거래 기회를 발굴해야 합니다. 이를 위해 자체적인 거래 전략을 개발하고 완성하는 것이 중요합니다. 시장을 이해하고 수익을 창출하는 방법을 다양하게 개발하며, 계속해서 자기 계발과 학습을 통해 경쟁력을 향상시키고 성공을 이루어야 합니다.

헤지펀드의 거장인 스탠리 드러켄밀러는 투자 성과에는 주기가 있다고 주장합니다. 성과가 좋지 않은 시기에는 리듬을 회복하기 위해 작은 베팅을 여러 차례 진행하고 기다려야 하며, 동시에 자신의 투자 근거에 대해 확고한 신념을 갖고, 특별한 기회가 발생할 때는 공격적으로 투자해야 한다고 강조합니다.

유능한 프랩 트레이더가 되기 위해서는 저평가된 자산이나 시장의 블라인드 스팟을 찾아야 합니다. 그리고 이러한 기회를 발견한다면 과감한 용기를 발휘하고 적절한 레버리지를 활용할 준비가 되어 있어야 합니다.

프랩 트레이딩에 대해 가진 제 생각과 경험이, 직업을 찾는 준비생들뿐만 아니라 성공적인 투자 결과를 추구하는 현업 종사자 모두에게 가치 있는 통찰로 작용하기를 바랍니다.

투자자들의 꿈을 향한 길잡이

투자를 업으로 한다는 것은 금융시장에서 고도로 전문적이며 오랜 경험과 능력이 요구됩니다. 특히 요즘같이 불확실성이 큰 금융시장에서의 투자는 위기와 기회가 공존하므로 자신만의 투자 원칙을 가지는 것이 매우 중요합니다.

저도 아직 배움의 단계이지만 성공적인 투자를 꿈꾸는 분들을 위해 지금까지 깨달은 내용을 몇 가지 말씀드리겠습니다.

첫째, 매크로 분석은 투자 결정에 매우 중요한 역할을 하는 핵심 요소입니다. 이는 경제지표, 정책 변화, 유동성과 같은 필수 요인들을 체계적으로 분석하여 금융시장의 작동 원리와 흐름을 파악하고, 이를 기반으로 투자 포트폴리오를 효과적으로 관리하는 데 도움을 줍니다. 매크로 분석을 통해 투자자는 시장에서의 주요 동향을 이해하고, 이를 활용하여 투자 전략을 조정하거나 최적화할 수 있습니다.

둘째, 투자자로서 손실을 최소화하고 꾸준한 이익을 창출하는 것이 중요합니다. 큰 손실을 피하는 것은 장기적인 투자 지속성에 큰 영향을 미칠 수 있습니다. 따라서 항상 리스크 관리가 핵심 요소여야 하며, 투자의 리스크와 보상을 균형 있게 고려해야 합니다.

셋째, 투자 결정에서는 시장의 큰 그림과 변곡점을 파악하려는 노력이 핵심입니다. 감정에 휩쓸리지 않고 본인만의 논리적 판단을 정립하는 것이 중요합니다. 이러한 원칙과 전략을 염두에 두면 더 나은 투자 결과를 얻을 수 있을 것입니다.

투자 역시 항상 즐기며 지속적인 학습과 개인적인 성장을 추구하는 것이 성공의 핵심입니다. 이러한 원칙과 전략을 염두에 두면 투자에서 더 나은 성과를 얻을 수 있을 뿐만 아니라 금융시장에서의 성공을 이룰 수 있을 것으로 생각합니다.

많은 사람이 삶의 거친 파도가 몰아치는 레드오션보다는 쉽고 편안한 길을 꿈꿉니다. 하지만 진정한 성공의 길은 그런 곳에 있지 않습니다.

"레드오션에서 살아남지 못하면 블루오션도 기대할 수 없다."

이 말은 우리에게 현실의 도전을 직시하고 그 속에서 살아남을 용기를 줍니다. 블루오션은 순간적으로 찾아오는 행운이 아니라 레드오션의 파도를 헤치고 나아가는 끊임없는 노력과 인내의 결실입니다.

세상은 그 누구도 쉽게 성공의 열매를 건네주지 않습니다. 끝없는 고민과 노력, 그리고 때로는 실패의 쓴맛을 겪으며 성장합니다. 성공은 단지 목적지가 아니라 끊임없이 도전하고 자신을 연마하는 여정 자체입니다.

투자의 세계에서도 이 원칙은 그대로 적용됩니다. "공부 없이 투자하는 것은 카드를 보지 않고 포커를 치는 것과 같다."라는 피터 린치의 말처럼 지식과 경험 없이 성공을 기대하는 것은 무모한 일입니다. 시장의 흐름을 공부하고 리스크를 분석하며 지속적으로 배워 나가는 지혜로운 투자자가 되길 바랍니다.

끊임없이 도전하고 노력한다면 결국에는 여러분만의 블루오션을 발견할 수 있을 것입니다. 여러분의 노력이 결코 헛되지 않을 것임을 믿으며, 이 책이 '글로벌 매크로 투자 바이블'로서 여러분에게 도움이 되길 희망합니다.

용기를 가지고 당신의 꿈을 향해 나아가십시오.

이 책을 집필하는 과정에서 다양한 분야의 전문가들과 교류하며 지식과 통찰을 공유할 기회가 있었습니다. 이러한 대화는 시장에 대한 제 관점이 한쪽으로 편향되지 않게 하는 데 큰 도움이 되었습니다.

마지막으로, 제 인생의 중요한 순간들을 공유하며 저를 지지하고 성장시켜 주신 자산운용본부 및 모든 임직원분에게 진심으로 감사의 마음을 전합니다.